Nik Salsflausen
Ansichtssache, Aussichtspunkt

Liebe Sarah

Viel, viel Freude am Anfang
deiner Schreiberinnen-Tätig-
keit. Es wird wild und
schön und abenteuerlich,

versprochen!

Sei lieb gegrüßt und
fest gedrückt

Nik Salsflausen

Ansichtssache, Aussichtspunkt
Texte aus und nach zehn Jahren Poetry Slam

Nik Salsflausen

Erste Auflage 2021

Alle Rechte vorbehalten
Copyright 2021 by

Lektora GmbH
Schildern 17–19
33098 Paderborn
Tel.: 05251 6886809
Fax: 05251 6886815
www.lektora.de

Druck: MCP, Marki
Covermotiv: Jakob Kielgaß, www.kielgass.de
Covermontage: Jakob Kielgaß, www.kielgass.de
Lektorat: Lektora GmbH, Denise Bretz
Layout Inhalt: Lektora GmbH, Denise Bretz
Printed in Poland

ISBN: 978-3-95461-169-0

Inhalt

Die kursiv geschriebenen Titel sind die der Essays; alle anderen gehören zu Texten, die in dieser oder sehr ähnlicher Form auf Bühnen vorgetragen wurden.

Für die Edelfans: Mama und Papa

Vorwort

Geplant war das alles nicht. Wie auch? Der Berufseignungstest, der als mögliches Ergebnis »freischaffend mit diesem und jenem rund um Sprache, viel Spaß, haha« vorsieht, ist noch nicht erstellt, und wird es auch nicht werden, solange das Land noch wirklich dringend Social Media Consultants und Startup Accelerators und Agile Coaches und all das braucht. Aber jetzt ist es eben passiert, ich stehe seit zehn Jahren als »Nik Salsflausen« auf der Bühne und es ist nicht abzusehen, dass sich das zeitnah ändern wird. Es macht einfach zu viel Spaß, meistens zumindest.

Räumen wir es aus dem Weg: Das mit dem Namen tut mir leid, wirklich. Ich hatte den Eindruck, dass man das so macht, wenn man eine seriöse Erstexistenz als (damals noch) angehender Lehrer schützen möchte, und so einen Bühnennamen loszuwerden, ist gar nicht so leicht. An ihm hängen Wiedererkennungswert und Identität; also wird er mich auch weiterhin begleiten. Deal with it (autosuggestiv gemeint).

Nach zehn Jahren ist dieses nun also mein erstes ganz eigenes Buch, mit »nur« Texten von mir, nachdem ich zuvor schon Texte zu Anthologien (u. a. im Lektora-Verlag) beisteuern und eine eigene Sammlung betreuen und herausgeben durfte. Und so soll es auch sein: ganz eigen. Es bietet Anlass zum Rückblick auf das, was ich da so fabriziert habe, und wie die Poetry-Slam-Szene mein Schreiben geprägt hat. Die Menschen, die Themen, die Veranstaltungen, die Verdienstmöglichkeiten, das Publikum, das Zeitlimit – sie und andere externe Faktoren sind der überbreite Rahmen für alles, was entstanden ist, auch wenn das darin aufgehängte Bild von mir stammt. Es ist also auch ein Buch über Poetry Slam. Die zehn Bühnen- berühren elf Kalenderjahre (Frühjahr 2011 bis Herbst 2021); zu diesen passend habe ich elf kurze Artikel verfasst, die erklären und einordnen, wie ich die Szene wahrnehme, wie der genannte Rahmen auf das Schreiben für Slam-Bühnen einwirkt, es inspiriert und beschränkt, was er hervorbringt und verhindert; was es mit mir gemacht hat, mich für die Selbstständigkeit und das kreative Arbeiten zu entscheiden (und damit gegen das Berufsbeamtentum) – und ein bisschen auch, was ich noch vorhabe.

Für alle, die Slam als Zuschauende kennen: So ist das, sieh mal einer an, oho, oha. Für alle, die selbst auftreten: Geht euch das eigentlich auch so? Wenn nicht, dann macht euch einfach eine passende Markierung ins Buch und beschimpft mich im nächsten Backstage ansatzlos, das bringt Schwung in die Sache. Und für alle, die den Schritt vom ersten zum zweiten Aggregatszustand planen oder gerade gehen: Lest das gerne als kleinen Survival-Guide, den ihr jederzeit herzlich gerne ignorieren dürft. Beim Laufen hinke ich immer ein wenig, wenn ich mich nicht drauf konzentrieren, es nicht zu tun, also sind meine hingewatschelten Fußspuren ohnehin nicht zum darin Gehen geeignet.

Die Bühnentexte im Buch sind grob chronologisch sortiert. Gerne hätte ich sie den Jahren zugeordnet, in denen sie entstanden sind, aber das ist nicht so einfach: Viele Texte liegen mir nur in später nachbearbeiteter Form vor und es braucht einen größeren Informatiker oder Detektiv, als ich es bin, um zu rekonstruieren, wann je die erste auftrittsreife Version fertig wurde. Trotzdem zeichnet sich hoffentlich ein Trend ab. Irgendeiner. Zehn Jahre so ganz ohne Trend, das wäre doch schade, oder?

Vollständig ist die Sammlung nicht. Über die Jahre sind dutzende weitere Texte entstanden, die nie oder nur zu wenigen Gelegenheit den Weg auf die Bühne gefunden haben – oder die heute noch ins Lektorat zu geben ich nicht über mich bringen konnte. Wenn dir ein bestimmter Text herzlich fehlt: Schreib mir, ich schicke ihn dir, dann kannst du ihn einkleben. Ernsthaft, ich mache das.

Benutze das Buch, wie du das gerne möchtest; Wer findet, dass Bühnentexte auf die Bühne gehören, hat erstens völlig Recht und zweitens ja noch die Essays. Wer den ganzen theoretischen und selbstbezogenen Quatsch nicht möchte, überspringe ihn einfach. Wer alles liest: Einfach vorne anfangen und dann immer umblättern, wenn keine Buchstaben mehr übrig sind.

Und jetzt viel Spaß! Beim Durchlesen, Querlesen, Anlesen, Halblesen, beim Einfach-nur-im-Regal-stehen-Haben. Deko ist auch Lebensqualität.

Esslingen a. N., Oktober 2020
Niklas Ehrentreich

Wie kommt man eigentlich dazu?

Poetry Slam, die halboffene Bühne

Wenn man sagt, dass jemand »wie die Jungfrau zum Kinde« kommt, beschreibt das sinngemäß, dass diejenige Person unverhofft, ohne eigenes Zutun in eine bestimmte Situation gerät. Vielleicht ist das schlecht gebraucht. Wie »die Jungfrau zum Kinde« kommt ja eigentlich, wer sehr geschickt und überzeugend lügt und damit nicht auf die Schnauze fliegt. Wie dem auch sei: Wir kennen den Vorgang, plötzlich und ungewollt ein einer ganz neuen Lage zu sein, gut genug, um uns eine biblische Redewendung dazu zurechtzulegen.

So wie bei der sprichwörtlichen Jungfer war es bei mir nicht. Ich kam eher zum Poetry Slam wie der Rom-Tourist zu einem Essen in einem überteuerten Restaurant mit charismatischem Straßenverkäufer: Der richtige (?) Ort zur richtigen (??) Zeit, unnachgiebige Überredungskunst, ein versagender Fluchtreflex – und schon saß ich in einem Workshop, angeboten von einem, der heute noch Kollege ist, in den Räumlichkeiten des Jugendzentrums, in dem ich, damals 22, ein Praktikum absolvierte.

Dort bekamen wir also dieses *Poetry Slam* vermittelt. Wir schauten Videos an, schrieben kleine Texte, führten sie auf, übten den Vortrag und den Umgang mit dem Mikrofon. Im Abschlusswettbewerb, und das sage ich nicht ohne Stolz, wischte ich den Boden auf mit den Teenagerinnen und Kids, die sonst Teil der Gruppe waren. Merke: Niemand fragt nach dem Zweitplatzierten, zu dessen Nach- und vor allem deinem Vorteil. Sorry, Tobias aus der 9C. Kurz darauf ein hochnervöser Auftritt vor großem Publikum mit Profis um mich herum, eine Auswärtsfahrt nach Heidelberg, Kontakte in die Szene, aus denen Einladungen bis in andere Bundesländer folgten – so schnell ging es. Ich kam zu Slam, jetzt hab ich's, wie ein Fisch in die Pfanne: Einmal nicht aufgepasst, unvorsichtig zugeschnappt, schon geht's heiß her.

Nicht nur ist damit eine häufig von Außenstehenden gestellte Frage beantwortet, die nach den ersten Schritten nämlich: Mein Weg ist sicher kein ungewöhnlicher. Auch zeigt sich in der Rückschau die trügerische Einfachheit dieses Zugangs. Womöglich öffnen sich rasant alle Türen, die ohne hohe Schwellen direkt auf die Bühnen der Republik führen, von den Hinterhofclubs Berlins über die Kneipen Nordrhein-Westfalens zu den ehrwürdigen Kabaretthäusern Bayerns, darüber hinaus in die Kulturvereine Österreichs oder die Theater der Schweiz, und überall bist du mit dem kaum weiter bearbeiteten Ergebnis eines zweitägigen Workshops willkommen. Dieses Bild entspricht dem, das Slam gerne von sich selbst zeichnet, ein Bild, geprägt von Offenheit und Herzlichkeit, von Inklusivität. Das Bild ist nicht falsch. Es ist aber auch nicht vollständig.

Mein Rat an alle, die Lust haben, sich auf den Weg zu machen, gegen Erstattung der Fahrtkosten sechs Minuten Bühnenzeit an sich zu reißen und in die Pfanne zu springen, war und ist genau der: Fahr los, alles andere ergibt sich schon! Diese Erfahrung hatte ich gemacht, und es hätte mehr Reflexionsfähigkeit gebraucht, als ich sie besaß, um festzustellen, wie naiv es war, diese einfach so auf andere übertragen zu wollen. Die formale Offenheit des Formats verschleiert, welche informellen Kriterien im Spiel sind, wenn sich Veranstaltende, die in vielen Fällen selbst als Auftretende Kolleg*innen   kennenlernen, überlegen, wer einen Platz auf der Bühne bekommt, wenn sie das nächste Mal eine Show ausrichten. Traue ich Menschen zu, das Publikum verlässlich zu unterhalten, oder riskiere ich, dass verkopfte, experimentelle Texte meine Stammkundschaft vergraulen? Habe ich Lust, mit Teilnehmenden in meinem Alter, mit meinem Bildungshintergrund, mit meinem Aussehen, noch ein Feierabendbier zu trinken – oder nehme ich es auf mich, den Abend mit einem Gast über sechzig zu verbringen, der keine Serien guckt, sondern Topflappen sammelt? Passt eine junge Frau in mein Ensemble, nehme ich ihre leiseren Töne wahr, bin ich offen für ihre Hinweise auf die unguten Untertöne in den Texten der anderen Auftretenden – oder erspare ich mir die Kontroverse? Lade ich umgekehrt vielleicht aus den ganz falschen Gründen eine geschätzte Poetin ein, mit der ich besonders gerne mal einen Absacker nähme?

Viele Aktive im Slam sind Halbprofis – oder waren es zumindest 2011. Es war und ist nicht unmittelbar für alle erkennbar, welch große Verantwortung am Schritt in die Rolle des Schwellenhüters hängt. Bühnen und Kreativräume zu kuratieren und zu betreuen, erfordert Introspektion und Konfliktbereitschaft. Es ist einfacher, diese Überlegungen nicht anzustellen. Mein Gefühl des Willkommenseins ergab und ergibt sich auch daraus, genau in die Nische zu passen, die Slam im deutschsprachigen Raum weitgehend besetzte: weiß, männlich, hetero, studentisch, brav. Meine Prosa war nicht plump, aber auch nicht fordernd. Ich fand Abnehmer*innen für meine Bühnenfigur, wie Buchläden Abnehmer für skandinavische Krimis finden, nämlich durch Unaufdringlichkeit und breiten Appeal.

An betrunkenen, schwedischen Hauptkommissaren mit kaputten Familien ist literarisch nichts verkehrt. Trotzdem ist es schön, dass sich die inoffizielle dezentrale Geschäftsführung des Poetry Slam, bestehend aus den Schwellenhüter*innen mit der formellen und informellen Macht, auch auf Druck von Kundschaft und Autor *innen, inzwischen auf ein sorgfältiger kuratiertes Programm setzt, auf mehr Vielfalt; das dröge Image muss dazu erst einmal abschüttelt werden, um spannende Textschaffende mit verschiedenen Hintergründen überhaupt wiederzugewinnen. Der Weg ist weit und die Ungerechtigkeiten, die unsere Sensoren heute noch nicht erfassen, werden uns morgen zweifellos einholen. Dann geht es von vorne los, unweigerlich, dem muss man sich stellen. Und ganz kann und soll der Faktor Mensch auch nicht aus Booking-Entscheidungen verschwinden; Slam ist und bleibt auch ein Stück Freundes- und Freundinnenkreis.

Die Beschäftigung mit der Frage, wie offen die Bühne ist, ist vorangekommen, von einer einfachen normativen Betrachtung des »Wer düfte?« hin zu einer komplexeren, deskriptiven Sicht des »Wer erfährt Ermunterung?«. Ich versuche weiter, zu ermuntern. Aber aus dem »Leg doch einfach los!« ist das Wort »einfach« als Beleg meiner Naivität inzwischen je nach Gegenüber verschwunden.

Im Schmollwinkel

Wie wohl das obere Querstück des Türrahmens heißt? So oder so ähnlich klingt mein letzter Gedanke, als ich, Musik auf den Ohren, von der untersten Treppenstufe abspringe und bemerke, dass sich meine Stirn auf ihrer aktuellen Flugkurve und dieses weiß gebeizte Stück Holz in wenigen Mikrosekunden unweigerlich zu einem schädelzerberstenden Stelldichein treffen werden. Wegen solcher Gedanken habe ich Zweifel daran, dass meine finalen Worte einmal weltbewegender sein werden als »Wenn H-Milch ultrahoch erhitzt ist, warum heißt sie dann nicht U-Milch?«. Dann wird es dunkel.

Als ich aufwache, sitze ich auf einem Barhocker. Gut. Es hätte wirklich schlimmer kommen können. Falls ich tot bin, ist das hier, ob nun Himmel oder Hölle, kein schlechter Standort. Ich fokussiere meinen Blick auf den Mann neben mir. Er hat einen roten Mantel an und eine passende Zipfelmütze und ist ziemlich dick. Schwerfällig setze ich die Informationen zusammen und frage: »Weihnachtsmann? Was zum Geier ...?«

Mist. Hätte mir für meinen ersten Auftritt hier einen geistreicheren Kommentar gewünscht. »Willkommen im Schmollwinkel«, grunzt der Dicke mir zu, blickt dabei aber nicht von seiner Coca-Cola-Flasche auf.

»Im was?«, frage ich.

»Im Schmollwinkel. Wir sind in deinem seltsamen Gehirn. Hier landen alle Ideen, an die du nicht mehr glaubst. Ich hänge hier ab, seit du Klugscheißer eurem armen Nachbarn Weihnachten 1995 den Bart runtergerissen hast.«

»Aber der hatte doch wirklich einen Bart«.

»Stimmt. Deshalb hat er dich ja auch schlimm verhauen, seitdem glaubst du nicht mehr an den Weihnachtsmann, erinnerst du dich?«

Ich verbleibe verwirrt.

Plötzlich fliegt die Tür auf und ein Mann mit grob gestricktem Pullover und Designerbrille tritt ein. »Hi«, begrüßt er die Runde selbstbewusst, »ich bin die politische Integrität der Grünen. Wenn wer meinen Q7 anfasst, gibt's was aufs Maul!«

Ich drehe mich schnell zum Tresen um, eher der Neue Blickkontakt aufnehmen kann. Ein sehr dünner Mann mit gebückter Haltung wartet dort schon auf meine Bestellung. »Ein Bier?«, frage ich mehr, als dass ich es ordere.

»Gibt's nicht«, keucht der andere, auf dessen Namensschild ich tatsächlich »Der Mann im Mond« lesen kann. »Du glaubst noch an Bier, oder? Eine der wenigen Konstanten, würde ich fast behaupten. Ich kann dir Gummibärensaft und Felix Felicis anbieten.«

Hilfesuchend blicke ich zum Weihnachtsmann, der sich gerade seine fast leere Cola-Flasche mit Rum neu befüllt – roch doch gleich so komisch. »Warum darf der Alkohol haben und ich nicht?«

»Willst du echt in einem Tagtraum mit dem Mann im Mond darüber diskutieren, ob es plausibel ist, dass der Weihnachtsmann Rum trinken darf?«

Ich überlege. »Okay ... dann hätte ich gerne Bier, von dem man garantiert keinen Kater bekommt.«

»Du lernst schnell, Kid.«

Ich bekomme es. Gar nicht so übel hier. Das Gefühl verstärkt sich, als eine atemberaubende Frau im Shirt meiner Lieblingsband vorbeistreift, dem Weihnachtsmann etwas zuraunt, das diesen lachend vom Stuhl kippen lässt, und dem Mann im Mond scheinbar mit wenigen geflüsterten Worten eine ganz neue Perspektive auf das Leben an sich eröffnet. Hier gibt es sie also: die perfekte Frau! Dieser Ausflug nimmt psychologisch bedenkliche Züge an.

So langsam dämmert mir, wer hier alles verkehrt. Ich blicke in die Runde: An einem Tisch sitzen der Fußballgott, seit der deutschen Meisterschaft des VfL Wolfsburg wahrscheinlich Stammgast, die Zahnfee und die wahre Liebe und spielen Skat. Weiter hinten drücken sich die Chancengleichheit und die Vernunft am Flipper herum. Ein gehetzt dreinblickender Kerl lungert direkt neben der Tür. »Wer ist das denn?«, will ich wissen.

»Das ist Das Gute im Menschen«, schnauft der Mann im Mond, der in bester Saloon-Manier Gläser poliert. »Der bleibt nie lange. Dafür ist er auch nie wirklich lange weg.«

Nach einem tiefen Schluck komme ich zu dem Schluss, dass das hier einer meiner abgefahreneren Träume ist. Nicht so krass wie damals, als ich träumte, ich sei Catwoman, von Batman schwanger und würde mit Umstands-Kostüm Verbrecher jagen. Dann kam Superman und versuchte, mich zu überzeugen, mit ihm durchzubrennen, und als ich ihn fragte, was wohl Louis davon hielte, da wurde er sauer und faselte irgendwas, die solle erst mal ihre Bindungsprobleme in den Griff kriegen. Ehe es absurder werden konnte, war ich aufgewacht.

Jetzt dagegen bin ich noch mittendrin und lenke meinen Fokus auf eine Ecke der Kneipe, in der sich viele Gestalten tummeln, die sehr hektisch wirken und sehr laut sind. »Und wer sind die?«, erkundige ich mich vage in Richtung des Osterhasen, der in der Küchentür erschienen ist und in einer fleckigen Schürze geistesabwesend eine Zigarette raucht.

»Das, mein Guter, sind Talente, von denen du mal glaubtest, sie zu haben. Die beiden mit den zwei linken Füßen, das sind deine Tanz- und deine Fußballkünste. Können sich nicht ausstehen. Das da ist deine Wirkung auf Frauen, daneben deine Trinkfestigkeit, deine Kochkünste, deine Singstimme ...«

»Ist ja gut!«, unterbreche ich und blicke mit tränenfeuchten Augen zu Meine Wirkung auf Frauen, einem ungewöhnlich kleinen, verschüchterten Männlein mit großer Nase und stummeligen Beinen. »Ich will hier raus«, sage ich kleinlaut.

Alle sehen mich an. »Dann geh doch!«, sagen sie, während der Raum um mich langsam verschwimmt.

Ich wache auf. Ich liege auf dem Rücken im Flur. Ich denke kurz über das Geträumte nach – und bin fröhlich. Obwohl mein Schädel dröhnt, stehe ich lächelnd auf und fange an, zu pfeifen, während ich zur Bushaltestelle schwanke. Denn einen habe ich in meinem Traum nicht getroffen, im Schmollwinkel, der Kneipe in meinem Hirn, in der Dinge landen, an die ich nicht mehr glaube: mich selbst.

In diesem Fall bekomme ich die Genese problemlos zusammen: Mein erster »Tourtext«, den ich mehrfach las, über Jahre hinweg. Obwohl es mir in den Fingern juckt, lasse ich sämtlich Passagen, die mir heute mehr als ein bisschen unangenehm sind, stehen; Trends und so ...

Wer bin ich?

Es gibt Momente, in denen du Jahre deines Lebens opfern würdest, um zwei Minuten in der Zeit zurückreisen zu können. Jetzt gerade war so ein Moment. Vor zwei Minuten habe ich »ja« gesagt. Sie hatte mich gefragt, ich habe »ja« gesagt. Ich bereue tief und bitterlich. Vor zwei Minuten meinte Silke: »Spielst du mit ›Wer bin ich‹?«

Vor einer Minute hatte ich kichernd einen Post-it-Zettel an Lukas' Stirn geklebt. Da kommt der nie drauf. Vor 30 Sekunden hatte ich in die Runde geschaut, was die anderen so geschrieben haben. Jetzt denke ich: Spiele niemals mit Geisteswissenschaftlern im fortgeschrittenen Semester dieses Spiel. Außer mir sitzen am Tisch: der Perserkönig Hystaspes, der Philosoph Artur Schopenhauer, zweimal Adolf Hitler, Hildegard von Bingen. Kofi Annan, Jean-Paul Sartre und Ulrike Meinhoff. Der aztekische Gott Mictlantecuhtli. Und Pikachu. Das hab ich geschrieben. Mein Blick wandert auf die Rückseite meines Zettels. Mir schwant Böses. Die Blicke der anderen ruhen auf Lukas' Stirn mit dem Pikachu-Zettel. Tadelndes Zischeln kommt einem der beiden Hitlers. Fieberhaft überlege ich, den Zettel noch schnell zu tauschen, aber die giftsprühenden Blicke Hildegards ermahnen mich, zu meiner intellektuellen Unzulänglichkeit zu stehen.

Sartre eröffnet die Runde: »Okaaaaay ... Bin ich weiblich?«

Schwerer Anfängerfehler. Hystaspes, der eigentlich Mareike heißt, wird fuchsteufelswild und fragt, was das denn für eine Kategorie sei. Männlich, weiblich ... Sind wir da nicht weiter? Betretenes Schweigen. So recht sie auch hat: Im Rahmen der strukturell binären Regeln des Spiels geraten wir hier bereits an unsere Grenzen. Also erbarmt sich Ulrike Meinhoff und verneint die Frage unter Inkaufnahme wüster Beschimpfungen von Hystaspes und Hitler eins, der eigentlich Katharina heißt. Ich bin an der Reihe. Will wissen, ob ich eine real existierende Person sei. Ja, bin ich. Na toll. Bleiben ja nur 5.000 Jahre Weltgeschichte. Angesichts einiger Kandidaten im Umkreis frage ich vorsichtig: »Sicher, dass ich mich kenne?«

Alle nicken, bis auf Schopenhauer, der gerade von Ulrike Meinhoff verlassen wurde und ein misanthropisch gewimmertes »Wen kennt man schon wirklich?« als Antwort hinrotzt. Wir übergehen ihn. »Lebe ich noch?«, will ich wissen.

Tue ich nicht. 5.000 Jahre Weltgeschichte. Wünschte, ich würde nicht so auf Silke alias Mictlantecuhtli stehen, dass ich mit ihr und ihren komischen Freunden in dieser verdammten Alternativ-Kneipe sitzen, in der es ausschließlich Fairtrade-Bier gibt. Ich frage mich, was an normalem Bier unfair gehandelt ist. Miese Arbeitsbedingungen für die Hefe-Kulturen? Lukas-Pikachu ist dran. Er kuckt mich an und fragt: »Bin ich Pikachu?«

Mist. Haben wir das schon mal gespielt? Hat mein traumatisierter Geist das etwa verdrängt? Triumphierend reißt Lukas den Zettel von der Stirn, korrigiert einen Rechtschreibfehler und lehnt sich mit Wohlstandsgrinsen zurück. Dann ist Hitler zwei dran. Sie hat einen echten Lauf und fasst nach sechs Minuten ununterbrochenen Fragens zusammen: »Ich bin also männlich, weniger als 100 Jahre tot, maßgeblicher rechter Politiker, der in Deutschland gewirkt hat, dunkelhaarig ...« Trommelwirbel. »Bin ich Franz Josef Strauß?«

Oh Mann!

Ulrike Meinhoff, the Artist formerly knows as Jenny, versucht, zu schummeln, indem sie die Runde mit dem Handy zu fotografieren vorgibt, sich dabei aber im Display selbst anschaut. Liest nur das »Hoff« und fragt, ob sie in Baywatch mitgespielt habe. Hitler Zwo fragt, ob sie Schriftsteller sei. Wir bejahen. Hier könnte jemand etwas länger brauchen. Danach ist Mictlantecuhtli alias die Liebe meines Lebens dran, die mir das alles eingebrockt hat. Sie braucht volle drei Fragen, um die Lösung zu erraten, gähnt, sagt, es sei spät, und zieht mit Pikachu ab, den ich gerade unfassbar zu hassen beginne. Ulrike Meinhoff ist längst ausgestiegen, da ihr ein tränenüberströmter Schopenhauer unentwegt seine Liebe beichtet, während gegenüber Sartre nur Augen für Hildegard von Bingen hat. Diese hat wohl schon eine Ahnung und wirft wiederum Kofi Annan verführerische Blicke zu, als sie fragt: »Bin ich die erste Person, die den weiblichen Orgasmus beschrieben hat?«

»Wärst die erste, die bei ihm einen erlebt«, fährt Hystaspes, Kofis Exfreundin, trocken dazwischen.

Eine halbe Stunde später habe ich immer noch keinen blassen Schimmer. Um mich herum toben wilde Diskussionen, in denen es um Identität, Metaphysik, das Patriarchat und aus irgendeinem Grund um Himbeermarmelade geht. Kofi und Hildegard knutschen im Türrahmen, während Schopenhauer Ulrike Meinhoff schluchzend erklärt, er wisse ohne sie überhaupt nicht mehr genau, wer er eigentlich sei. Und ich? Schaue meinen Nachbarn an, der mir meinen Zettel verpasst hat. Der echte Sartre hat mal gesagt: Die Hölle, das sind immer die anderen. Selten passten diese Wort besser. Ich stehe auf und verlasse, an

Kofi und Hildegard vorbei, die Hölle. Mein Zettel bleibt ungelöst. Wer ich auch immer sein mag: Hier bekomme ich das bestimmt nicht raus.

Der nächste Poet ...
Vom Selbstverständnis einer Szene

Bachblütentherapeutin darf sich jede nennen. Pflegegutachter auch. Hundepsychologin, Technologieberaterin, sogar Jurist – und eben Poet oder Poetin. Nichts davon ist eine geschützte Berufsbezeichnung im rechtlichen Sinne, bei der also regulierend eingegriffen würde, wenn sie sich irgendwer ohne handfeste Qualifikation und sorgfältige Prüfung auf eine Visitenkarte druckt. Das ist auch genau richtig so; kein Kontrollgremium, keine staatliche Stelle, keine Sachbearbeiterin im »Zentralamt für höhere Dichtkunst und fesche Pointen e. V.« kann entscheiden, wer sich Slammerin oder Slammer nennen kann, Dichterin oder Dichter. Der Überschwang jedoch, den es mit sich bringt, das erste Mal von der eigenen Person als Autor oder als Poet zu sprechen oder so anmoderiert zu werden, ist bemerkenswert und nicht folgenlos. Das Empowerment des Backstage-Passes in einer sonst als Zuschauer besuchten Location, gar auf einem Festival, fühlt sich ebenso rauschhaft an wie das erste gegebene Autogramm.

Es liegt in der Natur einer jungen Szene, die sich nicht nur, aber viel aus denen rekrutiert, die mit ihren Talenten im pubertären Kampf um soziales Prestige wohl hin und wieder den Kürzeren zogen, dass dieser Zuspruch nicht ganz leicht zu verarbeiten ist. Auftritte mit grauenvollen Texten, hastig verfasst im festen Glauben an das eigene

Genie, eine arrogante Haltung dem Publikum gegenüber, überhöhtes Anspruchsdenken im Umgang mit den Veranstaltenden: Das sind Symptome, die ich an mir feststellen musste und die glücklicherweise von Menschen, die es gut meinten, derart klar aufgezeigt wurden, dass ich die dahinterliegende Hybris zügig als Ursache ausmachen konnte. Sie ganz abzustellen, bleibt ein Teil des Jobs, den ich bestimmt nicht immer zuverlässig bewältige.

Andererseits ist auch übergroße Demut keineswegs zweckdienlich: Immerhin ist das Vorhaben, Abend für Abend Bühnenzeit und Aufmerksamkeit zu beanspruchen, eines, das ein gewisses Maß an Selbstvertrauen verlangt. Es braucht den Mut, immer neue Texte zu Gehör zu bringen, die jederzeit den Geschmack der Menschen verfehlen können; das Rückgrat, das im Zweifelsfall gar nicht für das Entscheidende zu halten. Es braucht Zuversicht dazu, einen Platz auch in gut bezahlten, prominent besetzten Shows anzunehmen und auf die hochdotierte Anfrage eines Firmenkunden selbstbewusst mit »Natürlich schreibe ich Ihnen ein zehnminütiges Gedicht über die Hämorrhoidensalbe Ihres Unternehmens« zu antworten.

Poetry Slam als Szene, so scheint es mir, fällt in der Selbstbeschreibung eher auf der Seite des Hochmuts vom Pferd. Das liegt womöglich gar nicht an einem zu entschiedenen Glauben an die eigenen Fähigkeiten, sondern eher an übergroßen Zweifeln: Die andauernde Ablehnung des Feuilletons nagt, anderslautenden Beteuerungen zum Trotz. Dass sich diejenigen, die (auch dank Slam) eine große Karriere hinlegen, oft gar nicht schnell von ihren Wurzeln lossagen können, wird als verletzend empfunden. Die Verteidigung dagegen wird zum Rundumschlag; Kritiker sind im Zweifel schlecht informiert, Skeptikerinnen missgünstig. Und die blöde Comedy, die elitäre Hochkultur, das dröge Fernsehen können mit uns, dem publikumswirksamen Textwettkampf, der scheinbar unaufhaltsam wächst, im Grunde gar nicht mithalten. So. Und ich bin Poet, dass du's nur weißt.

Dabei täte es einem nachhaltig verinnerlichten Selbstbewusstsein vielleicht gut, sich der Kritik zu stellen, dabei Spreu von Weizen zu trennen und die Kategorien zu finden, in denen eine Auseinandersetzung lohnt. Die Qualität der Texte ist oft mau – das stimmt! Können wir nicht strenger zueinander sein und uns dabei helfen, besser zu werden? Und gleichzeitig feststellen, dass Slam eine Bühne für Hunderte junger schreibender Menschen bietet, während auf dem Buchmarkt nur einige wenige unterkommen, und dass bei uns Scheitern jederzeit erlaubt sein muss? Der Performance-Stil ist ein einziges Klischee – ja, leider! Können wir hier darauf dringen, origineller zu sein, die bekannten Pfade zu verlassen? Und dabei nicht übersehen, dass die Posen der Theaterschauspielerinnen, die Phrasen der Rapper, das Lümmeln der Romanciers auf der Interviewcouch ebenso stereotyp sind, dass dies also offenbar in der Natur der Sache in einer kulturellen Sparte liegt? Die Liste ließe sich fortsetzen; es muss möglich sein, Kritik anzunehmen und Spott auf seinen Wahrheitsgehalt zu prüfen, ohne zu vergessen, einzuordnen, worüber gesprochen wird – eine Szene, die sich konzeptionell zu einem großen Teil aus Laien zusammensetzt. Diesen Laienstatus immer dann aufzurufen, wenn es genehm ist, gleichzeitig aber empfangen und bezahlt werden zu wollen wie die ganz Großen, das geht auf Dauer nicht.

Zwischen Selbstüberschätzung und hastiger, harscher Leugnung aller Mängel einer Sparte, deren Verfehlungen wir alle sehen, ist der Weg zu einem gesunden Umgang mitunter schwer zu finden. Ja, ich nenne mich Autor. Ja, ich bin überzeugt davon, dass ich zurecht auf der Bühne stehe, dass es Poetry Slam zurecht gibt; nein, ich glaube nicht, dass mein Text zwangsläufig große Kunst ist, nur weil ich damit die erste Zehn des Abends kassiert habe;

nein, ich halte mich nicht für Heine oder Jelinek oder zu-mindest Heinz Erhardt, weil die irgendwie auch geschrie-ben haben; nein, ich nehme Slam nicht gegen jeden Vor-wurf in Schutz. Oder verwahre mich selbst gegen jeden, den mein Schaffen erfährt. Ich kann gut finden, was ich tue, und mir trotzdem wünschen, es wäre besser, und dankbar sein, wenn mir jemand einen Weg zeigt, wie das gehen könnte. Dass ich nicht perfekt bin, macht mich nicht zum Hochstapler.

Dass ich dagegen Visitenkarten mit der Aufschrift »Bachblütentherapeut« in der Brieftasche habe – das schon. Fair enough.

Herbst

Sie, 23, nackt, so: »Kennst du *The Boxer* von Mumford and Sons?«

Ich, 32, nackt, so: »Du meinst *The Boxer*, das Cover, original von Simon and Garfunkel.«

Sie: »Wer ist das denn?«

Ich: »Ein Folk-Rock-Duo aus den 60ern.«

Sie: »Hm. Naja. Das ist halt deine Jugend, nicht meine.«

Vielleicht hätte ich die Zeichen früher erkennen sollen. Die Totenglocken läuten hören. *Still a man hears, what he wants to hear*, und es trifft mich wie ein Schlag: Ich bin alt. Und so schreibe ich nun mein Testament. Alle meine Besitztümer gehen an Menschen, die mir nahestehen. Ich finde, das ist ganz schön vorausschauend, wenn man bedenkt, dass meine Eltern darunter sind, beide noch berufstätig. Aber fair ist fair, schließlich haben sie fast alle meine Besitztümer auch bezahlt. Als ich entschieden habe, dass meine Mutter die Batman-Comics und mein Vater die Southpark-DVDs bekommt, ist eigentlich alles verteilt. Meinen Laptop nehme ich mit ins Grab. Darauf sind Dinge zu finden, die jeden mir nahestehenden Menschen im Nu dazu bringen würden, zu bereuen, ein mir nahestehender Mensch gewesen zu sein.

Nachdem ich alle Unterlagen beim reichlich verwirrten Notar abgegeben habe, der unverständlicherweise behauptet, ich übertreibe es mit meiner first-third-life-crisis, gebe ich mich ganz der Melancholie hin. Ich kaufe mir einen Gehstock, einen beigen Mantel und eine Tüte Taubenfutter und setze mich auf eine Parkbank, um voller Neid der kraftvollen Jugend beim neckischen Toben zuzusehen. Nach einer Stunde im Stadtpark stelle ich fest, dass neckisches Toben heute eine App ist und Candy Crush heißt. Die kraftstrotzende Jugend dagegen trägt bunte Caps im Retro-Look falsch herum auf dem Kopf und auf alt gemachte Schuhe im Wert eines Einfamilienhauses. Wir waren da noch ganz anders! Raus in den Wald und dann GameBoy spielen über Link-Kabel wie echte 8bit-Naturburschen, so waren wir! Kernig und real! Kurz werde ich beim Anblick dieser verkorksten Gören grantelig, dann ermahne ich mich zur Nachsicht gegen die junge Generation.

Wer bin ich, den ersten Stein zu werfen? Waren wir es doch, durch die eine Firma namens Jamba mit dem Verkauf nerviger monophoner Klingeltöne in Monatsabos ein Vermögen machte? Waren es nicht ich und meine Altersgenossen, die sich in Kindertagen die mittlere Strähne am Hinterkopf zu einem bizarren Rattenschwanz stehen ließen? Urteile nicht über diese kleinen Biebers und Cyrusses, denn du hast einmal DJ Tomekk gehört. Ich war auch mal bloß ein Junge, *in the company of strangers*, um Anschluss bemüht. Ein mildes Lächeln umspielt meine Miene, während ich ein M&M aus einer orangenen Pillendose esse und dabei mit angemessenem Schleimauswurf huste. Jetzt bin ich auch noch so ein nachsichtiger Märchenopa. Hatte immer gehofft, im Alter wenigstens Querulant zu werden. Rufe zum Ausgleich die Polizei, weil ein Auto mit dem Vorderreifen leicht auf dem Gehweg parkt.

Neulich habe ich meinen Rentenbescheid kommen lassen. Wenn ich jetzt in den Ruhestand gehe bekomme ich pro Monat ... 17 Cent. Unverschämtheit. Und dafür habe ich zwei Jahre Zeitungen ausgetragen! Das hätte es früher nicht gegeben, dass man uns alte Menschen so abspeist. Ich hab's mit der Arbeit doch versucht, aber meine ganze Erfahrung ist auf dem Markt wohl nichts wert; *asking only workman's wages, I come looking for a job – but I get no offers!* Dabei habe ich doch fünf Semester Philosophie, drei Semester Pferdewirtschaft und 12 Semester urbanes Freiraummanagement auf dem Buckel. Soll noch einer sagen, ich sei nicht breit aufgestellt!

Der Herbst zieht über die Stadt, *I'm laying out my winter clothes.* Mein körperlicher Zerfall nimmt beängstigende Züge an. Es gab eine Zeit, da habe ich zwei Liegestütze geschafft. Am Stück! Heute ist das undenkbar; ich leide an seniler Bettflucht. Es gibt Tage, da kann ich nach 10 Uhr vormittags kaum mehr schlafen. Dann gehe ich auf eBay und schaue nach gebrauchten künstlichen Hüftgelenken. Es könnte jeden Tag so weit sein. Mein Arzt sagt, mit mir sei alles in Ordnung. Schlimm, wenn dich die Menschen anlügen, weil sie dich nicht mehr für voll nehmen. Auch habe ich immer mehr Gedächtnislücken. Fasnacht 2013 – weg. Fasnacht 2012 – weg. Fasnacht 2011 – leider noch da, nichts gönnt man mir. Die Traurigkeit packt mich. Gezeichnet vom Leben, gebrochen und versehrt schleppe ich meinen verrottenden Leib zu Edeka. Eine Flasche Sherry eingepackt, das Getränk der Vergessenen und Welken. Noch eine Packung Corega-Haftcreme für die Dritten eingepackt, ist grade im Angebot, wird Zeit, sich zu kümmern ... An der Kasse fragt mich die Frau: »Kann ich bitte Ihren Ausweis sehen?«

Ich, 32, nackt: »Ich bin mal gespannt auf das neue Kummer-Album.«

Sie, Edeka-Frau, 49, nackt: »Was für ein Album?«

Ich: »Ach, nichts. Das ist halt meine Jugend – muss jetzt auch los. *I am leaving, I am leaving* …«

Im Süden nichts Neues

Aus dem Spiegel blickt mir ein versteinertes Gesicht entgegen. Aschfahl. Dunkle Ringe unter den Augen. Eine Handvoll Wasser, um den Schweiß der durchwachten Nacht fortzuspülen. Übelkeit kommt auf. Meine Uniform habe ich angelegt, nun trete ich im Flur meiner Frau gegenüber. Wir beide wissen, dass kein Aufschub mehr möglich ist. Ich küsse sie. Kämpfe mit den Tränen. Ich muss stark sein. Für uns beide. Ich gehe aus der Tür, höre ihr kehliges »Auf bald«. Niemand weiß, ob ich sie je wiedersehen werde.

Als ich bei der Arbeit ankomme, herrscht bleierne Stille. Jeder hier hat sich freiwillig gemeldet, gegen üppige Gefahrenzulage und gepackt von grimmigem Berufsethos. Der Schichtleiter geht die Reihen entlang. »Ihr alle wisst, was euch erwartet. Bleibt stark! Und stolz! Wenn die Sonne sinkt, wird mancher gefallen sein. Doch der Supermarkt bleibt!«

»Der Supermarkt bleibt!«, schallt der Schlachtruf zurück.

Es ist Samstag, 7.30 Uhr in Konstanz. T-30 Minuten.

Mit dem weißen Kittel beziehe ich zunächst hinter einem Gemüsetresen Stellung. Der Drang, Wasser zu lassen, ist unerträglich. Die Worte des Finanzministers gehen mir durch den Kopf: Die Bagatellgrenze für die Mehrwertsteuerrückerstattung sei überfällig, Ausfuhrscheine nur noch ab 200 Franken. Ab Montag. Und heute? Wer rettet uns? Ich höre Schritte und spähe, mit einer Stange Lauch im Anschlag, hinter der Theke hervor. Ein junger Mann mit Helm schlurft auf die Einlassschleuse zu, schon an den Einkaufswagen vorbei. Mit Helm – ein Radfahrer …? Soll das heißen ein Deutscher? Um Gottes willen!

Ohne zu überlegen, sprinte ich los. Von fern dringt bereits das dumpfe, geistlose Dröhnen der anstürmenden Massen durch die Gänge. »Ischt das güüüüüünschtiiiiig! Biiiii üs choscht des das Dooooppelteeeee!«

»Sind Sie wahnsinnig?«, schreie ich dem jungen Mann entgegen, der von der Gefahr nichts ahnt.

Er nimmt mich nicht wahr, trägt einen Kopfhörer. Die Pforten öffnen sich. Er reißt die Augen auf – zu spät, ich kann nichts mehr für ihn tun. Es beginnt.

Als die erste Welle Schweizer über uns rollt, sind die Verluste immens. Noch in den Morgenstunden verlieren wir Roland S., den dienstältesten Kühlregalauffüller, an eine rüstige, in Pelz gewandete Dame aus Gachnang im Thurgau, die ihn in Ausübung seiner Pflicht mit der Anfrage kalt erwischt, wie hoch die zu erwartende Mehrwertsteuer-Rückerstattung für den wegen kurzer Mindesthaltbarkeit auf 14 Cent reduzierten GUT&GÜNSTIG-Joghurt wohl sei. Die Fassungslosigkeit rafft ihn sofort dahin, er leidet nicht. Kameradin Ingrid P. fällt, als sie zwischen das Tchibo-Regal und eine anstürmende Busladung Nidwaldener Jurastudenten gerät, die es auf sagenhaft günstige Neopren-iPad-Taschen abgesehen haben. Wir können beide erst nach Stunden bergen, als Marktleiter Ortwin M. die marodierenden Horden mit einem Wein-Probierstand geschickt in den östlichen Kartensektor lenkt. Während dort tapfere Servicekräfte mit vorgehaltenen Korkenziehern die Stellung halten, nehmen wir Abschied von den auf umgedrehten Bananenkisten aufgebahrten Toten und versorgen die Verwundeten. Fleischverkäuferin Almut R.

zittert am ganzen Leib. »Ich hab an der Fleischwurst immer mit dem Messer angezeigt: so recht? So recht? Aber es war nie recht! Und dann kam er über den Tresen gesprungen mit seinem kleinen roten Messer. Ich mach das selbscht, hat er geschrien, dann bin ich geflohen!«

Ich selbst habe alle Hoffnung aufgegeben, mein Heim je wiederzusehen. Längst erreichen wir nur noch in Konvois aus Einkaufswagen unsere Einsatzorte, bilden dort Verteidigungsringe und hoffen, dass die Verluste nicht überhandnehmen. Im Herzen weile ich bei den tapferen Kameraden an den Kassen und der Infothek, wo die Ausfuhrscheine gestempelt werden. »Natürlich bekommen Sie ihre Mehrwertsteuer auch beim Kauf einer einzelnen Zwiebel zurück«, war das Mantra, mit dem sich diese nur als Todesschwadron betitelte Spezialeinheit auf den heutigen Tag vorbereitet hat.

Und Lächeln. Immer dieses kalte, totenmaskenhafte Lächeln. Wo ist Gott in solchen Stunden? Meine schweifenden Gedanken werden mir fast zum Verhängnis: Unter der wehenden Fahne des Aargaus prescht ein übervoll mit Windeln beladener Wagen von links zwischen den Regalen hervor (»Rabaaaatte!!!«), ich rolle mich gerade noch beiseite. Rolf M. hat weniger Glück. »Ohne mich kannst du es schaffen«, schreit er noch, als er, das Hosenbein im Rad des Wagens verheddert, fortgeschleift wird und in der Rotte verschwindet.

Meine Stellung habe ich aufgegeben, schon seit der ersten Offensive werden die Regale nicht mehr aufgefüllt. Stattdessen schieben wir die Paletten komplett in die Gänge, wo die preisnachlassrünstige Meute wahllos Dosen, Gläser und Kartons an sich reißt und die Lebensmittelberge Piranhas gleich in Minuten ihren faltbaren Einkaufskörben einverleibt. Hinter der Käsetheke finde ich Zuflucht – am einzigen Ort, an dem so etwas wie Frieden herrscht. Mit dem Handy nehme ich eine verwackelte Abschiedsbotschaft an meine Hinterbliebenen auf. In einer finalen Anstrengung verstecke ich sie im Regal mit der Schokolade der Hausmarke, wo kein Schweizer je nachsehen wird. Es ist meine letzte bewusste Handlung an diesem Tag, ehe mich der betäubende Rausch der Schlacht gütig umfängt.

23.00 Uhr. Ich liege daheim im Bett. Meine Frau war überglücklich, mich wohlbehalten in Empfang nehmen zu können. Sie schläft, doch ich wache. Die Bilder verfolgen mich. Als das Adrenalin meinen Körper langsam zur Ruhe kommen lässt, wird mir bewusst, dass ich mich verändert habe. Ein normales Leben nach dem Ausfuhrschein für Centbeträge wird es nicht geben. Der Krieg ist es, wofür ich gemacht bin.

Er würde mir fehlen.

Das Leben schreibt die mittelmäßigsten Geschichten

Oder: Wo nimmst du eigentlich deine Ideen her?

In seinem Buch »The Science of Storytelling« demonstriert der Autor Will Storr, wie sehr unser Gehirn geneigt ist, Geschichten zu erzählen. Nebeneinander stellt er die beiden englischen Worte für »Banane« und »kotzen« dar und braucht danach kaum auszuführen, was er zeigen möchte. Dass eine Person nämlich, die beide Begriffe sieht, innerlich sofort und unweigerlich ein »jemand aß die« sowie »und muss darum« ergänzt und so aus zwei Items mir nichts, dir nichts eine kleine, kausal verknüpfte Geschichte schafft, die von einer geheimnisvollen Hauptfigur und ihrem schwachen Magen handelt.

Umso begieriger auf Geschichten ist das Gehirn kreativ schaffender Menschen. Für die Poetry-Slam-Bühne zu schreiben, ständig neue Texte zu brauchen (auch wenn es im Jahr nur einige wenige sein mögen, die tatsächlich fertig werden), ändert den Blick auf die Welt und macht nach und nach einen Erzählendenblick aus ihm. Plötzlich ist alles Symbol, Pointe, Bild, Motiv, Thema, Metapher. Das geht mit Sicherheit Comedians und Songwriterinnen, Romanautorinnen und Kolumnisten nicht anders – und es ist auch keine besonders originelle Erkenntnis. Es lohnt dennoch, einen Blick auf das Zusammenspiel von Bühne, Text, Erleben zu werfen. Das Feedback ist schnell bei Slam, die Abhängigkeit von ihm groß. Und der zeitliche Rahmen ist klar gesteckt: Eine kleine Beobachtung mag nicht ausreichen, um zu »tragen«, und wird verworfen, eine andere scheint zu speziell, um zu »funktionieren«, eine dritte ist zu groß und unhandlich für sechs Minuten. Ich klopfe Erlebnisse unmittelbar auf Verwertbarkeit ab, während andere dabei sind, sie einfach nur zu … haben; ich suche bei Redebeiträgen nach witzigen, originellen, bildlichen Wegen, mich mitzuteilen; darin gut zu sein, wird in meiner Tätigkeit immerhin mit Applaus, Punkten und Einladungen belohnt. Ich höre einen Podcast, sehe seine Serie, konsumiere alle Arten von Unterhaltung … und ein kleiner Guttenberg in meinem Temporallappen fragt nach, ob da nicht was für mich drin ist, eine Idee, die ich mir leihen und gerade genug verfremden kann, um sie guten Gewissens meine eigene zu nennen.

Das klingt, als sei es ein großer Spaß, so durch die Welt zu gehen. Und das ist es oft auch. Wie eine Fotografin den Blick auf andere Dinge im Stadtbild richtet und so zur Bereicherung für alle werden kann, mit denen sie spazieren geht, sofern es niemand eilig hat, bringt auch der im Alltag praktizierte Sprachwitz des Bühnenmenschen frischen Wind mit sich. Nur – das Performen sein zu lassen, das ist manchmal gar nicht so leicht.

Ich war einmal bei einem Kennenlern-Spieleabend für Menschen, die neu in der Stadt sind. Es ging darum, Antworten auf verschiedene subjektive Fragen zu verfassen: Wie sieht der perfekte Urlaubstag aus? Welches ist das beste Haustier? Findest du, das Kokettieren der Menschen damit, dass »ohne Kaffee gar nichts geht«, ist ein bestürzendes Indiz für die widerstandslose Unterwerfung unter das Joch der spätkapitalistischen Produktivzwänge? Solcherlei eben. Alle antworteten knapp, offen, informativ – ich schrieb Pointen und Sinnsprüche. Und konnte es nicht lassen. Ich gewann das Spiel, in dem die besten Antworten prämiert wurden, und war der Mittelpunkt der Runde, fühlte mich aber, als sei ich bei einem Auftritt. Der Mittelpunkt ist ein singulärer Fleck. Er ist alleine. Nachhaltig kennengelernt habe ich niemanden, ich war ja auch als Privatperson nur ganz kurz da gewesen, ehe mein Bühnen-Ich übernahm. Aber immerhin, so dachte ich, gibt das vielleicht eine gute Geschichte.

Das Leben schreibt diese Geschichten dabei keineswegs. Es setzt Impulse, die miteinander nichts zu tun haben, die keinen echten Sinn ergeben, die keinen Anfang haben und kein Ende. Es bietet womöglich einige schöne Wendungen; den daraus organisch wachsenden Plots fehlt dabei jedoch Struktur, Richtung und Sinn: All das konstruieren erst wir. Zu wissen, dass einen Text, sofern wir das wollen, dutzende, hunderte, tausende Menschen zu hören kriegen, bringt uns dazu, diese Versatzstücke, die Brocken von Inspiration zu nehmen und in eine Form zu bringen, die den Ansprüchen von Slam genügt: nicht zu lang, nicht zu kurz. Bei einmaligem Hören verständlich. Über mich hinaus relevant. Mit clever anmutender Struktur, verborgen genug, um hinter der Handlung oder der Botschaft zurückzutreten, offen genug, um Punkte für den smarten Einfall einzubringen. Natürlich machen sich einige davon immer wieder frei – leicht ist das aber nicht.

Die Ideen dazu sind also überall. Die wirft uns das Leben hin. Sie zu sehen und fast zwanghaft aufzuheben, in der Hand zu drehen, auf Slamtauglichkeit zu prüfen, dann in den Jutebeutel von der letzten Landesmeisterschaft zu stecken, in den Köcher für die nächste, das ist unsere seltsame Marotte. Schön, wenn wir eine Idee finden. Und ein bisschen schade um alle, die wir aus den falschen Gründen verwerfen.

Bei allen Klagen jedenfalls: Den Blick für den Witz im Banalen, die Poesie im Ernüchternden möchte ich nicht missen. Auch wenn es mehr davon verdient, auch finale Form zu erhalten – schon jetzt macht dieser Blick mein Leben täglich reicher. So viel Pathos darf an dieser Stelle einmal sein.

Only the Fittest

Früher dachte ich immer, einen Junggesellenabschied mit Bauchladen und albernen Kostümen zu feiern, sei die unangenehmste Art, einen Freund in die Ehe zu verabschieden. Jetzt stehen wir mit Marschrucksäcken in strömendem Regen auf einem Waldparkplatz irgendwo bei Sankt Blasien im Schwarzwald und ich wünsche mir verzweifelt den warmen Komfort eines Kondom-Anzugs herbei. Arne, den sich mein Kumpel Björn als Trauzeugen auserwählt hat, begrüßt uns zum von ihm geplanten Bachelor-Survival-Wochenende. »Es gibt kein schlechtes Wetter, nur schlechte Kleidung«, sagt er.

Aha. Ein Lügner, denke ich.

Björn, dessen Hochzeit kommende Woche stattfinden soll, sieht irgendwie unglücklich aus. Das ist aber schwer zu deuten, denn so wirkt er seit der Verlobung mehr oder weniger ständig. Außerdem sind sein Bruder Stefan, Heiko, der Schwager in spe, und Till dabei. Till ist einfach Till und hat keine besonderen Qualitäten bis auf ein Auto, in das sechs Menschen und ihre Camping-Sachen passen. »Jetzt laufen wir erstmal los und suchen einen Zeltplatz«, sagt Arne und klingt dabei, als sei das etwas, worauf man sich so richtig freuen kann.

Er trägt Alpenwanderstiefel, eine Weste mit 27 Taschen, einen Anglerhut, eine Kompass-Uhr, die nach Yps-

Heft ausschaut, ein Trappermesser am Gürtel, eine Machete in der Hand und natürlich: Hosen mit abnehmbaren Beinen. Alle Insignien eines Mannes, der aufgegeben hat. Heiko, der Schwager, trägt ungebundene Turnschuhe und hat seine Sachen in eine Kaufland-Tüte gesteckt. Immerhin das verspricht, unterhaltsam zu werden. Björn fragt, ob man die Beeren, die am Rand des Parkplatzes wachsen, essen könne. Arne verneint. Ich meine, zu erkennen, wie sich Björn trotzdem heimlich welche in den Mund stopft. Ich sollte ihn im Auge behalten, denke ich.

Vier Stunden später haben wir alle Blasen an den Füßen. Außer Heiko, der aus seinen löchrigen Sneakern schlüpft und genüsslich verlauten lässt, so schlimm sei es hier doch gar nicht. Aha. Noch ein Lügner. Stefan hat in seiner grotesk großen Feldflasche 2,5 l Strohrum mitgebracht, die er heimlich an jeden außer Arne austeilt. Dieser freut sich, dass alle zunehmend Spaß an seinem Abenteuer-Trip zu finden scheinen. »Ich habe mir gedacht, wir machen hieraus einen kleinen Wettbewerb!«, strahlt er. »Welche Gruppe das Lagerfeuer schneller anbekommt, gewinnt: das regendichte Zelt!«

Geistesgegenwärtig gesellen sich alle zu Stefan mit dem hochprozentigen Alkohol – bis auf Björn, der vollends apathisch wirkt und zudem vielleicht ein wenig solidarisch mit seinem Trauzeugen sein möchte. Um die Mannschaften zahlenmäßig auszugleichen, entscheiden wir, dass Till zum anderen Team wechselt. Zu ihm müssen wir erst Sonntag wieder nett sein, wenn wir das Auto brauchen. Arne drückt uns Feuerstein und Zunder in die Hand und geht mit seinen traurigen Verbündeten ans Werk. Wir kippen Stroh 80 über das Holz, halten Stefans Feuerzeug daran und – puff! – tauschen unsere Augenbrauen gegen einen trockenen Schlafplatz. Kein schlechter Handel. Arne schaut pikiert. Björn stopft sich eine Handvoll auffälliger, rot-weißer Pilze in die Tasche. Er ist blass.

Es wird Abend und endlich hört der Regen auf. Heiko hat es irgendwie geschafft, eine Gitarre mitzunehmen. Überhaupt scheint das Volumen seiner Plastiktüte keinen logischen Grenzen zu unterliegen: trockene Schuhe, Luftmatratze, Kissen, ein Camping-Stuhl, ein Partyfässchen Bier, ein ausgestopftes Gnu und die Shakespeare-Gesamtausgabe, in der er gerade schmökert. Dafür hat sich Arne die Klampfe geschnappt und intoniert »Lady in Black«. Zum vierten Mal. »Lady in Black« hat zwei Akkorde. Arne spielt falsch. Stefans Rum ist fast alle, entsprechend fröhlich ist die Stimmung. Etwas abseits versucht Till, einen Unterschlupf zu bauen, wie er es im Fernsehen bei Bear Grylls gesehen hat, muss aber feststellen, dass es im Schwarzwald einfach zu wenige Lianen gibt. Schließlich steht er vor etwas, das er »Hütte« nennt und ich »ein Haufen Holz«. Trotzig krabbelt er hinein und sieht aus wie ein fetter Igel im Herbst, der sich zum Winterschlaf zurückzieht. »Hier gibt's doch keine Raubtiere, oder?« fragt er noch.

»Jetzt nicht mehr«, antwortet Heiko, während Arne den fünften Durchgang von »Lady in Black« beendet.

Jens fragt: »Wo ist Björn?«

Arne fragt: »Wo ist meine Machete?«

Als ich ihn finde, sitzt Björn in einer kleinen Mulde zwischen umgefallenen Bäumen und kleinen Sträuchern. »Was ist los, Mann?«, will ich wissen.

»Ich hab Panik«, sagt er.

Ich sehe ihn irritiert an. »Du benimmst dich wie ein Hollywood-Klischee, wie ein scheiß Herrenwitz. Der Bräutigam wider Willen. Als ob dir das einfach so ... *passiert* wäre. Wenn du nicht heiraten willst, dann lass es halt!«

Es fällt mir ein bisschen schwer, zu glauben, dass ich das gesagt habe. Björn schaut mich an. »Doch nicht davor. Ich hab Schiss ... verheiratet zu sein. Was, wenn ich das nicht kann?«

Von Fern dringt das Geräusch einer Gitarre zu uns, die an einer Tanne zerschmettert wird. Stefan stößt einen animalischen Siegesschrei aus. Wir sitzen im feuchten Moos, es tropft aus den Wipfeln. Ich würde ihm gerne sagen, dass er keine Angst haben muss, dass ganz sicher alles gut wird oder so, aber ich zumindest will kein Lügner sein. »Keine Ahnung«, antworte ich stattdessen wahrheitsgemäß.

Aus dem Unterholz kommt Till zu uns herüber. Er hat etwas sehr Tröstendes an sich in seiner stoischen Art. Wortlos hilft er Björn auf, wir gehen zum Lagerplatz zurück. Wir sind auf einmal wahnsinnig feierlich, als wir mit abgestandenem Bier und dem finalen Rest Schnaps anstoßen. »Du wirst es überleben«, prosten wir Björn zu.

Der kuckt dankbar. Arne ist gerührt. Stefan kotzt ins Lagerfeuer. Uns wird schlagartig warm, als sein hoch entzündlicher Mageninhalt explodiert und bunt züngelnde Flammen in den Nachthimmel schießen lässt.

Viel romantischer kann's zur Hochzeit eigentlich auch nicht mehr werden.

Nur ein Tag

Ich bin mir nie so sicher, was die Leute meinen, wenn sie sagen: Das hier, dieses Jahr, das wird der Sommer meines Lebens! Meinen sie dann, dass es der beste Sommer werde, den sie je hatten und haben werden, oder die beste Zeit überhaupt, die sonnigste, schönste, ehe der Herbst des Lebens beginnt? Und dann frage ich mich, was von beidem trauriger wäre.

»Komm mit an den See«, sagst du zu mir, »wir machen das zu selten, in die Sonne und dann nur rumliegen, baden, Bier trinken, vielleicht was spielen.«

Und du hast schon recht, wir machen das zu selten. Der Morgen ist wunderschön, und wir schmieden Pläne für den Tag, als wir losziehen, große Pläne, die darauf hinauslaufen, mit möglichst wenig Aufwand möglichst viel Eis in uns hineinzustopfen und zusammen dick zu werden, während alle drum herum ihre flachen Bäuche bräunen. Ich mache beim Gehen die Augen zu, weil du da bist und ich locker blind gehen kann, und versuche, mit allen Sinnen den Sommer zu spüren: das laute Klatschen von Flip-Flop-Sohlen auf heißem Asphalt, der Leerlauf der Räder auf dem Weg in die Stadt, alles scheint unterwegs zu sein, geschäftig und entspannt zugleich. Durch meine geschlossenen Augenlider dringt die Sonne, nimmt das

Orange der dünnen Haut auf, es fühlt sich nach Auf-dem-Rücken-Liegen an, nach Fallenlassen. Am Seeufer riecht es nach Sonnencreme und Gras, nach Grillanzünder und nach Badewasser, das auf den aufgeheizten Steinen verdunstet. Über die Uferpromenade klingen aus einem halben Dutzend Gitarren Songs von Jason Mraz und Milky Chance. Also eigentlich nur je ein Song von Milky Chance und Jason Mraz, intoniert von einem halben Dutzend Gitarristen, die noch nicht begriffen haben, dass Jungs mit Klampfe noch nie die Mädchen abbekommen haben, sondern schon immer die schönen Jungs mit Klampfe, die eigentlich auch Xylophon spielen könnten oder Nasenflöte. Ich denke an dich und bin froh, dich gefunden zu haben. So muss ich hier nicht auch mit Gitarre sitzen, um nervös zu versuchen herauszufinden, zu welcher Kategorie Jungs ich gehöre, mit Liedern von Frank Turner auf den Lippen, die ich geübt habe, um wenigstens nicht genau wie die anderen zu klingen. »We haven't done enough of this simple kind of stuff« würde ich singen und vielleicht halb ironisch traurige Sachen von Gisbert zu Knyphausen oder Counting Crows und dabei hoffen, dass mich gleichzeitig irgendwie jeder und keiner hört. Weil das ja schon peinlich ist. Aber vielleicht klappt's ja doch, und ein Mädchen setzt sich zu mir, um zusammen vom Alleinsein zu singen.

Wie lange waren meine Augen zu? Es ist Nachmittag geworden. Die besonders entschlossenen Sonnenanbeter, die ständig nur hier herumliegen, sagst du, wirken auf dich wie Stockbrot über dem Lagerfeuer: außen verbrannt, innen sicher ganz kalt und eklig. Ich muss lachen, weil das so ein schönes Bild ist. Nicht ganz ehrlich, mein Lachen, denn irgendwie ist es auch ziemlich oberflächlich, jemandem so was zu unterstellen, merke ich, und dann merke ich, dass ich das vor kurzem noch nicht gemerkt hätte bei dir, weil du alles hättest sagen können, ohne dass es mich stört. Trotzdem gebe ich dir recht, es ist zu sonnig heute, um zu streiten. Unsere Picknick-Decke ist inzwischen verschwitzt und ein bisschen eklig, da klebt Dönersauce, ich suche erfolglos nach einer guten Haltung, um etwas zu lesen. Du möchtest gerne ins Wasser, und ich nicht, und du magst nicht ohne mich gehen und ich mag vielleicht später mal, aber jetzt nicht, und zum Glück kommen Freunde vorbei und setzen sich zu uns.

Ich schaue den Beachvolleyballern zu. Immer, wenn ich das tue, verspüre ich diesen Druck, mich über sie lustig zu machen, weil viele so eitel rüberkommen mit ihrem schon im Mai sommerlichen Teint, mit den von Sonnencreme glänzenden Muskeln. Eigentlich bin ich dabei aber einfach neidisch. Wenn sie sich mit ihren knallbunten Shorts und den sandverklebten Bikinis nach einem Satz abklatschen, dabei lachen, scherzen, flirten, liegt einfach mehr Sex in der Luft als in unserem »Wo bist du gerade«, wenn wir nebeneinander liegen und Bücher lesen, die wir uns gegenseitig empfohlen haben. »Da, wo der eine grad das Ding von dem Typ geholt hat, um die Sache mit der anderen zu klären, kurz nach der Stelle mit dem Teil, du weißt schon«, sagen wir dann, oder so ähnlich, das kann mit einer nur halbherzig als harmlos verkleideten Umarmung nach Punktgewinn einfach nicht mithalten. Natürlich kann man das nicht vergleichen ... Natürlich will ich nicht tauschen ... Natürlich nicht. Denke ich mir.

Als die Sonne sinkt, macht Jannis den Einweggrill an. »We shouldn't talk about it«, singt ein Uneinsichtiger nur ein paar Meter entfernt, während du deine Wurst isst und ich mein Steak und die anderen diskutieren, ob sie zum Festival fahren.

Ein Wochenende zusammen feiern? Ich bin still.

Dich fröstelt, als du mir sagst, was das für ein toller Tag war. Eigentlich zu schön, um zu gehen. Aber nun ist es zu kalt, um zu bleiben. Kurz bist zu unschlüssig. Dann siehst du mich an, zuckst die Schultern, stehst auf und lächelst.

Zu kalt, um zu bleiben. Ich bin unendlich traurig, als ich dir recht gebe.

War er das? Der Sommer des Lebens? Oder auch nur der Sommer meines Lebens? Ich hoffe nicht. Ich ziehe einen Kapuzenpullover über. Und gehe alleine nach Hause.

Heute flex ich alles weg
Über Wettbewerb und Konkurrenz

Im Slam haben wir uns alle lieb, obwohl wir ständig in Konkurrenz zueinander stehen. Das ist erstens total schön und zweitens gelogen.

Eine der meistgesprochenen Floskeln in der Szene ist: »The points are not the point – the point is poetry.« Sie bringt zum Ausdruck, dass es nie darum geht, wer am Ende welche Wertung, welchen Dezibelausschlag erntet, dass allein der zu Gehör gebrachte Text zählt. Von außen betrachtet ist es vielleicht schwer zu glauben, dass wir einander tatsächlich selten Siege missgönnen und scheinbar willkürliche Jury- und Moderationsentscheidungen in aller Regel achselzuckend, ja, lächelnd hinnehmen können. Die verkürzte Antwort auf die Frage, ob das so einfach klappt, lautet aber: Ja, klar doch!

Die Langversion ist komplizierter. Erstens ist festzuhalten, dass die starke soziale Konvention der Szene dazu führt, dass uns kaum etwas übrigbleibt, als Sieg und Niederlage locker zu nehmen – wenig wird so klar abgelehnt wie der ausgelebte Wesenszug, eine schlechte Gewinnerin oder ein schlechter Verlierer zu sein. Zweitens ist der sinnvolle Bezugsrahmen größer als der einzelne Abend: Einmal unglücklich auszuscheiden, obwohl die prämierten Texte einem selbst allesamt als flach oder billig erscheinen, das lässt sich gut ertragen, es wieder und wieder zu tun, das schmerzt; und dieser Schmerz mag sich durchaus in Ablehnung gegen diejenigen verwandeln, deren Tun vom Publikum goutiert wird. Drittens gibt es mehr Quellen von Anerkennung, an denen wir unseren Durst nach ihr stillen können: Einladungen zu großen Slams, die wir als gut kuratiert empfinden, Zuspruch von einzelnen Menschen, von Kolleg*innen, der Verkauf unserer Bücher, Postkarten, CDs, all das kann uns milde stimmen gegen den ach so albernen Wettbewerb.

Entsprechend zeigt sich die Missgunst immer dann, wenn ein Weg gefunden werden kann, sie als etwas anderes zu verbrämen. Es kann vorkommen, dass sich die Szene, wie auch immer, darauf verständigt, dass jemandes Texte nichts taugen. Dieser Mensch ist oftmals erfolgreich, sonst würde sich ja das Gerede nicht lohnen, aber darum geht es nicht, natürlich nicht, es geht um die Qualität, die uns doch so am Herzen liegt. Nicht genug, um einander direkt mitzuteilen, wenn uns etwas an unseren Werken stört, aber genug, um eine Person auszumachen, gegen die nun guten Gewissens geschossen werden darf. The points *are* the point – sie machen den Unterschied zwischen jemandem, der unter dem Radar fliegend Flachwitze klopft oder überzuckerte Schwulstlyrik schreibt, der dazu aber jedes Recht hat, und jemandem, der das Gleiche tut, aber gut gefunden wird. Denn der ist komplett daneben. Hinter der Behauptung, um den guten Stil besorgt zu sein, lässt sich Missgunst ausleben; es wird behauptet, lustig, das könne ja jeder (was gelogen ist), oder, naja, das sei ja nur ein billiger Abklatsch von etwas anderem (als hätten wir selbst das Rad neu erfunden). Nicht falsch verstehen: Die Sorge um Textqualität, sofern fair und konstruktiv artikuliert, ist hilfreich. Sie zum Ventil des Neides zu machen, ist es nicht.

Diese Doppelmoral, die den angeblich so nebensächlichen Wettbewerb zur Richtschnur dafür macht, wer kritisiert werden kann und wer nicht, legt offen, wie viel Neid eitrig blubbernd unter der Kruste aus Harmonie suppt. Ganz unverständlich ist das beileibe nicht; wie ein Fußballer, der zu einer Schwalbe greift, bedienen sich manche, wissentlich oder unwissentlich, solcher Mittel, die den Wettbewerb aushebeln – das Gefühl der daraus entstehenden Ungerechtigkeit ist echt. Entlehnte Pointen, die gerade noch durchgehen, moralisierende Texte, die Zuschauende vor die Wahl stellen, sie zu loben oder schlechte Menschen zu sein, pfui, oder grenzenlose Anbiederung: Das Gefühl, dass diese Mittel mehr zählen können als sorgfältige Prüfung, Hintersinn, Feinheit, Charme, Eleganz, handwerkliche Finesse, tut weh. Aber hey, bei Poetry Slam ist alles erlaubt – das ist ja das Schöne. Das ist ja das schlimme.

Noch auf einer anderen Ebene als der sozialen ist der Wettbewerb nicht zwangsläufig förderlich. Beim Texten hilft es nur bedingt, jederzeit daran denken zu müssen, wie wohl eine Jury, wie wohl ein Publikum reagieren mag. Einerseits ist dieser Fokus auf die Hörer*innen Teil des Dienstleistungsberufs; Menschen nehmen sich Zeit in ihren vollen Leben, geben Geld aus, schenken Aufmerksamkeit, sie verdienen es, dass wir an sie denken, wenn wir schreiben. Andererseits verleitet uns das Wertungssystem zu Gefälligkeit und Unterforderung. Referenzen werden auf Breitenwirkung und Aktualität abgeklopft, nicht auf Passgenauigkeit. Erwartbar unpopuläre Positionen finden schwerer auf die Bühne als solche, bei denen wir auf Zustimmung hoffen. Ein guter Text ist ein wirkungsvoller Text, der rasiert, zerstört, wegflext, verbrannte Erde hinterlässt, als seien das irgendwie dienliche Kategorien auf der Suche nach dem Schönen, Guten, Wahren. Die Rhetorik, die Logik ist destruktiv. Der im unmittelbaren Moment effektvollste Auftritt muss nicht der beste sein; denen, die Raum zum Atmen bräuchten, wird dieser genommen. The points are the point. They get in the way of poetry.

Ist das nun alles eine finale Ablehnung des Wettbewerbsgedankens? Keineswegs. Er schafft die Dramaturgie des Abends; er macht den Reiz für viele Menschen aus, die sich die Gedichte und Geschichten sonst nie angehört hätten. Die Publikumszentrierung sorgt für Wandel, denn Geschmäcker ändern sich; sie hält uns fern von jedem Elfenbeinturm. Die Konkurrenz verschafft den Gewinnenden Glücksgefühle – und den Verlierenden oft auch, wenn sie von Gästen angesprochen werden, die sich empört über den Ausgang äußern: »Du warst so, so gut. Die haben doch alle keine Ahnung.« Die Auseinandersetzung damit, was die Konkurrenz en passant mit uns und unseren Texten macht, muss aber eben nicht beiläufig, muss permanent und gründlich sein. Stört mich jemandes Gedicht oder dessen Erfolg? Habe ich konstruktive Kritik oder nur Missgunst übrig? Denke ich beim Einladen zu einer Show an Qualität und Vielfalt oder an Popularität? Sage, schreibe, thematisiere ich, was mich beschäftigt, und das in einer Art, die mich begeistert, oder rühre ich die mehrheitsfähigste, konventionellste Tomatensauce der literarischen Kantine an?

Der Wettbewerb im Poetry Slam ist nicht ohne Fallstricke, aber er ist so tief in der DNS des Formats verankert, so grundlegend, ja, namensgebend, dass er nicht wegzudenken, höchstens charmant abzuwiegeln ist. Und das ist gut so, oder zumindest okay. Solange wir nicht zulassen, dass der Wettbewerb ein Übermaß an Macht gewinnt. Und zwar vor allem über uns selbst.

Kunst ist.

Auf die Erkundigung, wie er Künstler wurde,
antwortete der Autor Dieter Roth:
Ich weiß nicht, wie und ob.
Er hätte wohl auch kaum gesagt, er liebe diesen Job.
Denn verhört nach seinem Geisteszustand, sagte er:
Bedrückt. Und vergesslich. Bekümmert. Und verletzlich.
Und ich kann ihn verstehen.
Kreativ zu sein, heißt, hart mit dir ins Gericht zu gehen.
Was du selbst produzierst, taugt kaum aus deiner Sicht.
Das ist doch kein Kunststück, sagst du dir
und siehst den Wald vor lauter Bäumen nicht.

Kunst ist zermürbend und kostet Zeit,
sie will Liebe und Einsatz und Aufmerksamkeit.
Denn auch wenn sich zeigt, dass du und die Kunst
zu harmonieren verstehen:
Sie wird nie ganz aufhören,
dir an die Nieren zu gehen.
Sie will immer mehr von dir.
Das Gestrige langweilt sie bald.
Läuft sie weg, reißt du sie her zu dir,
doch zu lange an einem Fleck
wird die Beziehung schnell lieblos und kalt.

Sie will zugleich jugendliches Feuer
und handwerkliche Reife.
Und bald weinst du ihr nach,
denn sie liegt auf fremden Kissen.
Forschend wollen wir mehr über ihr Wesen wissen,
begreifen
wir können das wohl nie,
dabei will sie auch reflektiert und gedacht werden.
Nur vor allen Dingen: Kunst will gemacht werden.

Do me!, ruft sie fordernd in mein Ohr.
Und ich sag: Nein, hab ich nicht vor, denn,
Kunst, du schüchterst mich ein.
Du bist abstrakt und so ungreifbar,
meine Vorgänger? So gut bepackt und so viel reifer.
Ich weiß, da kann ich nur verlieren,
ich lass von dir und lass dich ziehen,
auch wenn du mich so begeisterst.
Du bist von Büchner aufgeschrieben worden,
Da Vinci war dein Zeichner,
Streicher spielen dich als Quartett von Schnyder.
Wir kommen dir nicht wirklich nah,
werden die Techniken auch feiner,
und als nächster Beitrag fehlt da ausgerechnet … meiner?

Nein, mal im Ernst.
Was willst du von einem wie mir als Kanal?
Ich bin kein Literat. In Wahrheit nicht mal
ein qualifizierter Betrachter dessen,
was du zu bieten hast.
Ich nähere mich dir
und wieder machst du mir klar:
Bleib bei deinen Leisten,
statt dich dieses dilettantischen Umgangs
mit mir zu erdreisten.

Gefragt danach, was seine Kunst beschreibe,
antwortete der Autor Dieter Roth:
Angst.
Kunst – kann es sein, dass du immer
ein wenig davon von uns verlangst?
Angst, zu scheitern. Angst vor Irrelevanz.
Angst, am Ende nichts zu sein als ein
hundsgemeiner Halsabschneider,
mit Stift oder Pinsel,
dessen Bilder Gekleckse,
dessen Texte Gestammel,
dessen Lieder Gewinsel.

Und doch.
Gefragt danach, was das Rezept für junge Künstler sei,
antwortete Dieter Roth:
Einfach. Tun, was sie tun.
Woher denn nun dieser Mut,
zwischen all den Unsicherheiten?
Die für diese Antwort augenscheinlich
kaum den rechten Weg bereiten,
doch zwischen den Zeilen, mein ich,
liegt ein roter Faden. Freilich
nötigt dich die Kunst zum Kampf mit deinen Geistern,
den du vielleicht vermeiden könntest.
Noch besser: ihn zu meistern.

Du fürchtest, es ist vielleicht nicht gut genug?
Kann sein. Nur: Wenn Kunst halt auf dem Mut beruht,
etwas Neues, Unerforschtes zu entdecken, ist es normal,
über das Gefundene hier und da auch zu erschrecken,
anzuecken oder auch tatsächlich erst mal
Mist zu produzieren.

Mach's halt wie Dieter Roth
und nenn deine Gedichte ganz offiziell »Scheisse«,
lass andere raten, ob sie wegen des Inhalts
oder der Qualität so heißen
oder einfach so? Nein, freilich,
augenscheinlich
wirst du nicht so gut wie Lessing oder Joyce.
Millionen spielen gerne Fußball
und sind auch nicht Messi oder Reus.
Bei aller Angst: Dir kann doch nichts passieren
wie auf Geisterbahnen,
der Schlüssel ist: Respekt, doch keine Ehrfurcht
vor den Meistern haben.
Willst du hoch hinaus?
Tja, dann musst du dich auf Leitern wagen.
Bitte einmal weitersagen:
Etwas gerne tun, verlangt nicht,
darin auch zu glänzen.
Wenn dich das Gerede anficht
ist es, fürcht ich, leider amtlich:
Du setzt die falschen Grenzen für dein Tun.
Das einzig echte Limit für die Reise bist doch ... du.

Mit deinem Hunger, deiner Gier,
deiner Lust, die Welt
bis zum hintersten Flecken zu sehen,
ziehst du aus, mit Stift und Papier.
Mit einem trotzigen Wunsch, eine Spur von dir
im Gedächtnis der Welt zu verstecken.
Und wenn das nicht klappt?
Dann verneint das nicht deinen Wunsch,
ein Künstler zu sein.

Mal im Keller – für dich!
Schreib Gedichte – für dich!
Sing in der Dusche – für dich!
Bastel Figuren aus Gurkenschalen und Alufolie und
Zauberwolle, schmier sie mit Zahnpasta an und wirf sie
brennend als Event vom Balkon – für dich!

Und wenn du es so herum nicht glaubst,
dann dreh die Sache um und entspann mal!
Denn kann man wirklich behaupten,
irgendetwas sei für die Ewigkeit?
Wenn, im Ernst, auf lange Sicht
das Wenigste bestehen bleibt?
Die Welt wird sich irgendwann an keinen mehr erinnern.
Ob du nun Max Mustermann oder Goethe bist.
Tu du, wonach du dich fühlst,
und frag dich, ob das dann überhaupt noch nötig ist!
Worauf am Ende alle erfüllten Existenzen beruhen?
Einfach. Tun, was sie tun.

Kinder, Kinder

Kinder sind ja so toll. Kinder, also, Kinder, sag ich immer, sind so super, da guckt man in die Augen und weiß: Nicht alles, was strahlt, ist ein ukrainischer Atomreaktor. Kinder sind so wichtig, Kinder sind unsere Zukunft. Zukunft! Heißt für mich: In der Gegenwart möchte ich nichts mit ihnen zu tun haben. Gut, jetzt bin ich Referendar am Gymnasium – also tagsüber. Nachts habe ich eine geheime Zweitidentität wie ein Comicheld. Ich bin Verwahrloster-Single-Man und meine geheime Kraft ist es, zehn Stunden Netflix zu schauen, ohne mich schlecht zu fühlen! Jetzt ist Freitagabend, eine neue Staffel *Fargo* ist online und ich würde gerne einfach nur hier sitzen, mich zudröhnen lassen, Pringles mit Mayonnaise essen und versuchen, für den Rest des Tages höchstens noch eine einstellige Zahl Kalorien zu verbrennen – Wochenende halt.

Ist aber nicht. Man hat mir Hans-Christian vorbeigebracht. Der ist irgendwie mit mir verwandt, Schwippneffe 3. Grades oder so. Offenbar kommt er aus dem IKEA-Katalog und wurde beim schwedischen Ecksofa »Gnorrdöbel« mitgeliefert; er ist sehr blond, gut frisiert, mit seinen sechs Jahren schon Hemdträger und mit einem Bein in der Jungen Union. »Was machen wir jetzt?«, fragt das Junge, und ich bin etwas ratlos.

»Stehst du auf *American Horror Story*?«, frage ich zurück.

»Was ist das? Wir haben keinen Fernseher«, sagt er.

Natürlich nicht. Ich hätte es ahnen können, als Britta anbot, mir als Gegenleistung fürs Babysitten ein leckeres Karotten-Ingwer-Brot zu backen. Hans-Christian und ich spielen eine Runde Schach, die endet, als ich nach sieben Zügen kurz vor dem Matt aus Versehen das Brett umstoße. Ähnliche Missgeschicke passieren mir beim Risiko, Halma, Monopoly, Siedler und bei der 90er-Jahre-Edition von Trivial Pursuit, wo ich mir nun wirklich einen Wettbewerbsvorteil versprochen hatte. Ich war dabei, verdammt! »Es ist spät!«, verkünde ich, nachdem Hans-Christian damit fertig ist, mir Ursachen, Verlauf und Folgen des Kosovokrieges noch einmal gründlich darzulegen[1].

Anstandslos verschwindet das Geschöpf; als es wiederkommt, stinkt es nach Elmex Gelee. Ich traue niemandem, der Elmex Gelee ohne Androhung von Folter verwendet. Hans-Christian trägt einen herzallerliebsten Ritter-Schlafanzug, ich bringe ihn ins Bett meines abwesenden Mitbewohners, das ich notdürftig hergerichtet habe, indem ich ein Spannbetttuch über alles gezogen habe, was darauf lag, inklusive zweier Pizzen, einer Katze und einiger Joghurtbecher, auf denen noch Zettel mit DM-Preisen kleben.

»Erzählst du mir eine Geschichte?«, fragt er.

Langsam, sehr langsam, fange ich an, zu lächeln. »Natürlich tue ich das!«, sage ich und setze mich zu ihm. »Da war einmal ein Ritter. Er hatte eine Rüstung aus Metall und ein großes Schwert. Er hatte eine Burg und ein Pferd und total viele Knechte. Und weil die Menschen im Mittelalter ganz furchtbar unhygienisch lebten, hatte er außerdem sehr schlechten Atem und übelst kaputte Zähne und schlimm Syphilis!«

Befriedigt sehe ich zu, wie sich Hans-Christians Stirn erschrocken runzelt.

---

1   Ich bin übrigens Geschichtslehrer.

»Was ist Syphilis?«

»Das ist eine Krankheit, die man einfach so bekommt, wie Schnupfen, kann man gar nichts machen, und dann blutet man plötzlich aus den Augen und das Gehirn geht kaputt wie in einem Zombiefilm.«

Er beginnt, eingeschüchtert auszusehen. »Das ist eine doofe Geschichte ... Erzähl was anderes!«

»Was magst du denn sonst so?«

»Cowboys.«

»Okay, es war einmal ein Cowboy, der ritt auf seinem Pferd durch die Wüste. Schon ganz lange. Und immer weiter ritt er. Und weiter. Dann machte er Pause und dann ritt er immer weiter. Und iiiiiimmer weiter ritt der Cowboy.«

»Kommen in der Geschichte keine Indianer und keine Büffel vor?«, fragt Hans-Christian.

»Nein. Hat der neoimperialistische Cowboy alle umgebracht. Mit seinen Pistolen. Und seiner Syphilis.«

Ein Schaudern durchfährt den Vorzeigejungen – ha! Unhinterfragte Heldenverehrung ohne historische Kontextualisierung, nicht mit Onkel Faktencheck! Und was Fakten sind, bestimme hier immer noch ich!

Ich hole zum letzten Schlag aus. »Aber, aber«, sage ich. »Magst du was vom Astronauten hören? Du magst doch Astronauten. Also – da war einmal ein kleiner Junge, der sah fast genauso aus wie du. Und der flog mit einer Rakete in den Weltraum. Hui, wie das funkelte und wie schön das war überall! Und die Sterne waren ganz nah und blinkten ihm freundlich zu, als würden sie ihn grüßen. Und er grüßte zurück und kletterte aus seiner Rakete und lachte in seinem Raumanzug. Und dann winkte er den Sternen und dem Mond und der Sonne zu, und die Erde war ganz weit weg und wundervoll und klein ... und dann traf ihn ein Komet und der Helm ging auf und sein Kopf platzte. Ende.«

Siegessicher blicke ich zu Hans-Christian hinab – der hat mich auch beim letzten Spiel des Tages geschlagen

und ist einfach vor dem Ende der Geschichte selig einge-
pennt.

Doch, doch, Britta, bring ihn gern wieder her! Ich hab
noch so viel zu erzählen! Die Geschichte vom Piratenka-
pitän Skorbut Zahnfleischbluter zum Beispiel. Das hat mit
Aufklärung, Bildung und Wachstum zu tun.
    Und ganz sicher nichts damit, dass auch Verwahrlos-
ter-Single-Man eigentlich ganz gerne mal nicht alleine ist.

Und gerne so ein bisschen lustig, ja?
Auftragstexte, Gastspiele und der Blick von außen

Ich habe neulich begriffen, was den Eurovision Song Contest auszeichnet und besonders macht. Mit einem Mal, nach 23 Jahren halbaktiver Wahrnehmung, nach Guildo Horn, nach Lena. Ich dachte lange: Naja, ganz gutes Fernsehen, aber dass es da so um die Nationen geht, hmpf, die Musik ist auch nicht so meins, das zieht sich immer so – muss nicht. Und dann sah ich Will Ferrells Netflix-Film »Eurovision. The Story of Fire Saga«, und er hat das geändert. Obwohl Satire, obwohl kein überragendes Stück Humor per se, strahlt der Streifen (was für ein obsoletes Bild) eine famose Liebe aus für die seltsame Magie des Wettbewerbs mit seinen extrovertierten Protagonist*innen , seinen zu oft übersehenen Held *innen des Kitschs, mit der Lebensfreude, der Gemeinschaft, die das »guilty pleasure«, das kleine peinliche Vergnügen, so besonders machen. Und plötzlich hatte ich brennende Lust, mehr davon zu sehen.

Was mensch von Slam hält, liegt wohl auch primär daran, was mensch erwartet. Literatur, Lesekunst, Lyrik gar? Unterhaltung mit hoher Schlagzahl oder einen Act zu sehen, der wie der letzte virale Hit klingt? Kann es alles geben, muss es aber nicht. Wie der ESC einen Rap-Fan enttäuschen muss, der auf musikalische Neuentdeckungen und popcornreifen Stress zwischen den Teilnehmenden hofft, so muss Slam den Kurzgeschichtentheoretiker enttäuschen, der sich bei der Avant-Garde zu Gast wähnt.

Was also sehen Fans des Formats, das die Kritik verkennt? Was genau erwarten Menschen von uns? Eine Idee davon lässt sich immer dann gewinnen, wenn Kundinnen oder Kunden Slam Poetry buchen: Um eine Veranstaltung zu eröffnen, ein Produkt vorzustellen, einen Sachverhalt zu erklären. Um Atmosphäre zu schaffen, die »jüngeren Leute abzuholen« oder einfach nur, um ein bisschen Zeit zu überbrücken, während die Kaffeebar ab- und das Buffet aufgebaut wird. Dann werden Erwartungen explizit. Oder eben nicht, denn nach wie vor scheinen viele nicht so genau zu wissen, was sei da eigentlich einkaufen.

Diffus sind wir vor allem jung, ein bisschen frech, ohne irgendwem auf die Füße zu steigen, wir schreiben schon schön, aber auch immer so ein bisschen lustig, auf den Punkt irgendwie, unterhaltsam, mit ein bisschen mehr Power und Pfiff und Pepp, schon schlau, aber nicht so tief, dass es für Laien schwierig wird, man steckt da ja schnell zu tief drin. Es gilt entsprechend erst einmal abzuklopfen: Wenn Sie, liebe Frau Soundso, Poetry Slam meinen, meinen Sie dann Dichtung, aber verständlich? Stand-up, aber nicht so schmuddelig, Kabarett, aber nicht so alt, Referat, aber nicht so trocken? Denn ganz bestimmt meinen Sie nicht das, was Slam für viele Aktive heißt. Sie meinen nicht Ensemble, Abwechslung, Textpremiere und alten Hut, Wettbewerb, Backstagebier. »Poetry Slam« alleine zur Eröffnung einer Mitgliederversammlung zu machen, ist, als würde ein Gladiator zur Belustigung eines Senators eine Trockenübung mit dem Schwert vorführt. Um sein echtes Handwerk auszuüben, bräuchte es schon Gegner. To be fair: Beschweren wird sich der Gladiator kaum.

Und eine Beschwerde verkneife auch ich mir, ebenso wie die Auflösung des Missverständnisses. Auftritte für Kundinnen und Kunden, am besten mit speziell verfassten Texten, sind eine wichtige Einnahmequelle und das Geld ist auch redlich verdient. Es ist eine erhebliche Aufgabe, fremde Ideen und Impulse zu unvertrauter Materie in unterhaltsames Material zu verwandeln, was auch immer das im Detail heißt. Damit wird jedoch das vielleicht häufigste Missverständnis externer Betrachtender verstärkt – dass Slam eine Gattung sei, eben kein Veranstaltungsformat. Ich horche nach: Wen haben Sie denn, Herr Diesesundjenes, so vor Augen? Ach, die Engelmann, den Sträter, die Brugger, den Ruppel. Okay, das mach ich. So ähnlich halt. Sie wollen Slam, Sie denken, X sei Slam – Sie kriegen X.

Wann immer wir also unsere eigenen Veranstaltungen verlassen und alleine auftreten, verstärken wir im Grunde eine falsche Wahrnehmung, dass nämlich Texte in der jeweils vorgetragenen Gattung Poetry Slam ausmachen, dass wir, ich will es kaum sagen, »Sprachkünstlerinnen« und »Wortakrobaten« sind, die »besonders toll mit Sprache umgehen«. Das mag ja für die meisten auf ihre Art auch zutreffen. Slam aber ist im Kern das Miteinander von Publikum und Bühnenensemble, ist Experiment und Scheitern, ist Auseinandersetzung mit Dingen, die uns (!) bewegen und berühren. Und manchmal glaube ich, dass wir all das darüber vergessen, in einem Teil unseres Alltages Erwartungen Dritter zu befriedigen, gefällig und zugänglich zu schreiben und einen scharfen Blick darauf zu haben, womit wir auf Anschlussaufträge hoffen dürfen.

Vielleicht sollte Will Ferrell einmal einen Film über Poetry Slam drehen. Er würde einen Fan spielen, der davon träumt, bei den Meisterschaften aufzutreten. Man würde ihn dafür belächeln und verspotten, aber in seiner Naivität und Begeisterung würde er das Publikum für sich gewinnen. Die etablierten Zyniker, die denken, sie hätten Slam verstanden, kämen nicht an gegen seine Liebe zu dem ungelenken, kleinen Stück Text, das er geschrieben hätte, ihre Berechnung würde scheitern, sein Mut, seine Freude an der Sache überstrahlten alles. Er wäre kein großer Literat, kein Off-Poet mit Mittelfinger fürs Establishment. Aber er wäre Teil einer Kultur, die bereit ist, sich begeistern zu lassen von der Schlichtheit, dem Kitsch, dieser Authentizität und Nähe, in der sich Menschen unter Gleichgesinnten, die auch gerne mal ein bisschen Star wären, eine eigene Show organisieren und sich gegenseitig feiern, und wenn der Abspann liefe, dann hätten vielleicht alle brennende Lust, mehr davon zu sehen.

Handwerkerneurosen

Unter – Wäsche – Bergen, winterlich dick,
ist irgendwo dein Körper.
Auf – Regung – deiner Augen hin
komme ich näher und du lächelst.
Auf – Reizend – e Art und Weise bezauberst
du mich, und ich gebe zu, dass ich mit dem Kopf
schon etwas weiter bin.
Zu ... – dir? – rekt wollen wir nicht werden.
Zu ... – mir? – ijam, deiner Freundin, sagst du,
sie solle sich keine Gedanken machen.
Und sie versteht und geht alleine heim.
Er – rötet sich schon, der Morgen,
als wir durch die Wohnungstür stolpern.
Aus – Ziehen – wird Zerren,
als du an meinem Pullover reißt.
Be – Ha – rrlich sagen wir uns beide,
wir machen das eigentlich nie,
und wissen nicht, warum es schlimm wär, wenn doch.

Und endlich findet meine Hand
diesen Stoff unter dem Stoff,
der so profan wäre, wärst da nicht du darunter,
die aus ein bisschen Polyester,
ein bisschen Baumwolle,
ein bisschen Spitze
das Ziel allen Denkens in meinem
primitiven, kleinen Hirn macht.

Obacht! Die folgenden vier Minute Text beschreiben einen Gedankengang, der in Wahrheit etwa vier Sekunden
dauerte.

Ja, ich gebe es zu, ich bin aus der Übung. Ja, ich gebe
zu, ich hatte das letzte Mal Sex, da waren BH-Verschlüs-
se wahrscheinlich noch aus Gusseisen und Ziegendarm,
damals haben wir uns auch nicht in einer Bar, sondern in
einer Taverne kennengelernt und dann haben wir uns ge-
liebt, als gäbe es kein Morgen, denn wir waren 17 und
älter wurde man damals nicht. Ja, ich gebe zu, ich habe
manchmal so furchtbare Komplexe, dass ich immer denke, jeder andere habe ständig Sex, überall, wenn mich jemand am Handy wegdrückt, denke ich auch immer, dass
er oder sie eben gerade mit Poppen beschäftigt ist, wes-
halb ich Angst habe, meine Eltern anzurufen, könnten
mich ja wegdrücken, und ja: Der Umstand, dass ich es
»Poppen« nenne, weist darauf hin, dass ich inzwischen
vielleicht ein wenig verklemmt bin. Verklemmt wie dein
verdammter BH-Verschluss. Trotzdem dachte ich immer,
es sei ein Klischee, dass es schwer sei, die Dinger zu öffnen. So, wie es auch nicht wirklich schwer ist, IKEA-Regale
aufzubauen, es ist leicht, und ich weiß nicht, warum es ein
Running Gag geworden ist, das Gegenteil zu behaupten.
Auch wenn ich nicht verstehe, welchen Sinn es hat, dass
die meistens hinten schließen – BHs, nicht IKEA-Regale –,

das muss doch nerven an jeder Stuhllehne, und wenn der Verschluss vorne wäre, könnte frau in epische Superheldenpose verfallen jedes Mal beim Öffnen, und das wäre doch mal was gegen die sexmüden Männer und geburtenschwachen Jahrgänge. Jeder Depp kann ein IKEA-Regal aufbauen und jeder Depp einen BH öffnen, aber gut, beim IKEA-Regal hat man eben alle Zeit der Welt. Und einen Imbus-Schlüssel. Und kann zur Not in die Anleitung schauen. Oder die Hotline anrufen. Oder einen Freund zu Hilfe holen. Das ist bei der BH-Geschichte leider nicht so einfach! Und wenn das IKEA-Regal vorsichtig fragt, ob es helfen könne, wird es eben peinlich, dann ist die Stimmung dahin, dann kann man das IKEA-Regal einpacken und zurückgeben und anfangen, sich Gedanken zu machen, wie man sein ramponiertes männliches Ego wiederherstellt! Und nein, ich mache hier nicht dich zum Objekt, ich mache das IKEA-Regal zu Subjekt, ich meine, immerhin schätze ich doch alle Qualitäten, die dich vom IKEA-Regal unterscheiden: einzigartig, unlackiert und nicht aus Pressspan, das mag ich so an dir. Dass das jetzt eben nicht klappt, hat auch nichts mit Geschick und Fingerspitzengefühl zu tun. Gib mir ein Kräutermesser und ein Stück Birnbaumholz und ich schnitze dir ein Modell von Hogwarts hinter deinem Rücken. Dass das jetzt nicht klappt, liegt am Vorführeffekt, besser: am *Ver*führeffekt, liegt nur an dir, du hast mir den Kopf verdreht, aufgesägt, neu verschaltet. Meine Motorik ist nicht zuständig, hier geht es um uns, das ist wichtig irgendwie, und ich muss mit dem Hirnareal, das menschliche Beziehungen regelt, diese blöden Ösen und Haken lösen, verstehst du, denn ob mich das Regal für einen findigen Handwerker hält, das kümmert mich nicht. Was du denkst, kümmert mich. Ich weiß ja auch nicht, was hier gerade mit mir passiert. Hab ich nicht genug Sorgen, dass jetzt auf einmal wieder Teenager-Probleme dazukommen müssen? Wenn das zum Trend wird, dann muss ich jetzt los und dringend neue Batterien für meine blinkenden Turnschuhe besorgen und dann jemanden finden, der mir Schnaps kauft, damit ich das hier alles vergessen kann.

Alles, außer dich vielleicht.
Denn der Unterschied zwischen Mechanik und Panik,
Routine und Romanze, Casanova und Coitus Interruptus,
Twenty-Something und Teenie,
zwischen abgeklärt und abgeblitzt
bin nicht ich.
Das bist du. Die du nicht irgendwer bist.
Und die sich das sicher anders vorgestellt hat.
Nichts ist so sexy wie Selbstbewusstsein,
aber man kann sich eben nicht immer
seiner Selbst bewusst sein
und selbstbewusst sein.
Doch dass du immer noch da bist,
macht das hier magisch.
Deine aufrichtige Nachsicht
nimmt dem Ganzen die Tragik.
Wenn man hieraus was mitnehmen kann,
aus dem peinlichen, seelischen Aderlass,
dann fraglos das:

Du machst mich nervös,
das sagt doch was.

Über Menschen

Manchmal bedeuten gegensätzliche Aussagen exakt das gleiche: sich vor jemanden stellen und hinter jemandem stehen. Manchmal bedeuten zwei scheinbar sehr ähnliche Dinge genau das Gegenteil, etwa: Nerven beweisen und Nerven zeigen.

Eindeutig dagegen ist es, wenn man sagt, man müsse doch menschlich bleiben. Das ist irgendwie etwas Gutes. Mitfühlendes. Das verstehe ich nicht so ganz. Menschen, das sind doch keine sensiblen, fluffigen, weichen, tollen Wonneproppen mit Sahnefüllung und Zuckerguss? Menschsein, das ist Eifersucht und Neid, Angst, Hass und Wut, Hinterlist, Ausgrenzung, Gewalt und Voyeurismus. Menschsein, das ist doch nicht ARTE, Menschsein ist das ganze Fernsehprogramm – und Pornhub.

Warum also ist »menschlich handeln«, »Menschlichkeit beweisen« ein Synonym für Güte, Liebe und Aufopferung geworden? Als sei uns etwa Hass grundsätzlich fremd, unserem Wesen nicht entsprechend. Was ist er denn, wenn nicht menschlich? Tierisch? Schon mal einen Biber hassen sehen? Schon mal einen Pinguin dabei beobachtet, wie er Nacktfotos seiner Exfreundin ins Internet stellt? Wer hat denn den planmäßigen, industriellen Genozid erfunden? Ein Hinweis: Pandabären waren es nicht.

Trotzdem behandeln wir die unschönen Seiten unserer Spezies sprachlich als unnatürlich und wesensfremd. Wir vergessen dabei gerne, dass Rassismus, Xenophobie, Massenmord echte Konstanten in der Weltgeschichte sind, der RTL-Spendenmarathon für Aleppo dagegen eher nicht. Das menschliche Wesen auf seine guten Seiten zu reduzieren ist so, als würde man Hannibal Lecter an seiner Liebe zur italienischen Oper messen. Warum tun wir das? Wir nennen den IS »bestialisch« und sprechen von Vergewaltigern als »Tiere«. Einerseits sicher, weil wir mit unserer dunklen Seite am liebsten nichts zu tun haben wollen und gerne vorgeben, die Täter seien nicht Teil unserer Großfamilie. So wie Kraftwerk sich sicher auch nicht gerne für David Guetta rechtfertigen. Und andererseits, weil es einfacher ist, gegen jemanden vorzugehen, den ich zuvor als Unmenschen markiert habe. Das ist dann kein Mord, sondern Krieg gegen eine fremde Art, das ist Notwehr. In den USA nennt man Gefängnisinsassen gezielt und gerne »animals«, »Tiere«. Und wie wir mit Tieren in Gefangenschaft umgehen, spricht für sich. Um guten Gewissens Schlechtes zu tun, muss ich das Gegenüber von mir entfremden, so machen Filme das schon immer: Der Gegner, den der Held scharenweise und gut gelaunt niedermacht, trägt Uniform, ist ein Ork, ein Alien, ein Roboter, ist maskiert, ist erkennbar: anders.

Dagegen identifizieren wir uns alle gern mit Mahatma Ghandi. Wozu der Mensch doch fähig ist. Das ist einer von uns. Ich war als Kind auch mal im Hungerstreik, fast zwei Stunden, als es Rosenkohl gab. Ich bin wie er. Außerdem hab einen ganzen Tag Hausarrest überstanden. Nenn mich Mandela!

Grönemeyer singt:
Und der Mensch heißt Mensch /
Weil er irrt und weil er kämpft
Und weil er hofft und liebt /
Weil er mitfühlt und vergibt

Aber sorry, das beschreibt doch nicht exklusiv Menschen. Das beschreibt erst mal einen Labrador. Jedenfalls verzeiht so ein Hund deutlich schneller und gründlicher als die meisten Leute, die ich so kenne – nochmal, Lukas, es tut mir leid, dass ich dir im Tiefschlaf deine Augenbrauen abrasiert habe! Einen Tag vor dem Bewerbungsgespräch. Mit einer Käsereibe. Können wir das jetzt mal hinter uns lassen? Es ist vier Tage her, verdammt.

Menschen sind nicht gut, Menschen sind nicht schlecht, und wenn menschlich einfach ist, was Menschen tun, dann sollten wir es mit gebotener Bescheidenheit als neutralen Begriff gebrauchen. Dann ist ein Ausbruch aus der Norm, so oder so, unmenschlich, Kindsmord unmenschlich, Selbstaufopferung für Fremde auch. Der Bully, der Nazi, die Terroristin, der Ausbeuter, die Mörderin, sie sind wie wir. Menschen. Kein Kompliment, keine Anklage, einfach Befund. Nichts, was sie tun, wird ihnen das je nehmen können.

Was soll das nun alles? Ist das nicht irgendwie bedrückend? Vielleicht. Aber der Funke Demut, den es braucht, um anzuerkennen, dass wir als Vertreter unserer unperfekten Spezies zu fast allem fähig sind, ist wichtig. Wichtig als Erinnerung daran, dass wir jeden Tag in der Pflicht sind, uns aktiv richtig zu entscheiden; unsere Natur wird uns nicht davor schützen, schlechte Dinge zu tun. Menschsein heißt, verantwortlich sein. Individuell verantwortlich. Dem anderen gegenüber – dem Individuum.

Und wir sollten immer wachsam bleiben, wenn anderen ihr individuelles Menschsein abgesprochen wird – der nächste Schritt ist oft nicht weit. Wessis, Ossis, der Pole, der Schwabe, Flüchtlingswellen und das Weltjudentum, die Unterschicht, Sozialschmarotzer, der Rechte, der Linke, die Amis, die Russen, die Abgehängten, die Moslems, die Nafris, die Anderen – das sind gesichtslose Kollektive. Sprich mit deinem Nächsten. Das ist nur einer.

Einer wie du.

Slam, ganz nebenbei
Fluch und Segen eines umfangreichen Side Hustles

2016 war ein durch und durch aufregendes Jahr. Ich zog in eine neue Stadt, begann mein Referendariat – und erreichte erstmals das Finale der deutschsprachigen Meisterschaft im Poetry Slam. Mit Sicherheit passierten auch auf der Weltbühne irgendwelche entscheidenden Dinge, aber für mich persönlich waren diese Umstände Beschäftigung genug.

Das Referendariat macht selten Spaß und dabei sind die zu haltenden Stunden das kleinste Problem. Sich in ein Lehrer *innenzimmer einzufügen, ist eine Aufgabe für sich, der ständige Wechsel zwischen der Rolle des Lehrenden und der des Lernenden zehrt, zudem dauern Vorbereitungen und Korrekturen ewig, wenn die Routine fehlt. Jedes negative Erlebnis geht einem nahe, seien es Fehler im Umgang mit der Klasse, eine schlechte Rückmeldung oder ein Zeichen der Missbilligung durch die Schulleitung; das dicke Fell fehlt, fehlte mir zumindest. Daneben weiter Texte zu schreiben, durch die Republik und die Nachbarländer zu tingeln, die Abende lang und die Nächte kurz werden zu lassen, das klingt wie eine bestenfalls mittelgute Idee. Es gab manchen Morgen, an dem ich nicht so ausgeruht war, wie ich es hätte sein sollen, an denen ich keine gute Arbeit machte, und das rächt sich doppelt, weil es den Druck erhöht.

Andererseits bietet Slam, was wenige Berufe bieten: Applaus. Es ist ein absurdes Gefühl, an einem Tag für die akribisch über Stunden vorbereitete Unterrichtseinheit kaum positives Feedback zu bekommen, weil es selten in der Natur von Mittelstufenschüler *innen liegt, eine pfiffige Idee zur Gruppeneinteilung zu loben, und dann auf einer Bühne in der fernen Großstadt zu stehen, wo du unter Johlen und Pfeifen und Stampfen zum Sieger des Abends gekürt wirst mit einem zwei Jahre alten Stück, das du dutzende Male gelesen hast. Diese Bestätigung, diese Anfeuerung tut gut und kann gerade die nötige Kraft spenden, die dunkleren Stunden des Referendariats zu überstehen. Darüber sollte nicht vergessen werden: Wenn die zehnte Klasse ihre Klausuren nicht zurückbekommt, dann interessiert es nicht, ob der Grund dafür ist, dass du überraschend in der Stuttgarter Liederhalle das Stechen um den Meistertitel bestreiten durftest. Also bestell dir Room Service aufs Festivalhotelzimmer und pack den Rotstift aus, während alle feiern!

Die Erfahrung eines vollwertigen Jobs hilft dabei, den Applaus schätzen zu lernen. Wir holen uns an einem Slam-Abend so viel davon, dass er fast seinen Wert verliert. Zur Begrüßung, als Vorschusslorbeeren, als Bewertungstool, als Dank an Haus, Technik, Moderation – immer werden die Hände aneinandergeschlagen, jetzt nochmal richtig, bitte, und aus der Geste, die anderswo höchste Wertschätzung zu besonderen Anlässen ausdrücken mag, wird ein beiläufig registrierter Teil des Hintergrundrauschens. Wer sein Tagwerk dagegen als undankbar empfindet, dem kann diese Bestätigung Kraft spenden. Es ist ein bisschen wie mit einem Glas Wasser, das normalerweise achtlos nebenbei geschlürft wird, aber auf einer Radtour im Hochsommer zum Höhepunkt sinnlichen Genusses wird.

Es schleicht sich jedoch auch ein Funken Scham ein, denn der Kontrast zwischen der unter großer Mühe erbrachten, aber wenig gewürdigten Hochleistung einerseits und dem banalen Abrufen des Selbstverständlichen für tosenden Beifall andererseits tritt überdeutlich vor Augen. Gerade in einer Phase, in der sich neue Texte oft wie angewandtes Handwerk unter Zeitdruck anfühlten, kam er mir unverdient vor, erschienen mir die Empfänger *innen, ich unter ihnen, verwöhnt und undankbar. Da klatschen Krankenschwestern und Sonderpädagogen, alleinerziehende Väter und Streetworkerinnen, Studierende mit zwei Nebenjobs und Angestellte, die nebenher noch ihre Eltern pflegen, klatschen Menschen, die 60 Stunden schuften, Menschen, die mit ihren Talenten kein Zuhause finden, für uns, denen es ein cleveres Showkonzept ermöglicht, uns als Meisterentertainer *innen zu fühlen. Und gehen dann wieder in einen Berufsalltag, der für viele bestimmt zu selten lautstarke Bekräftigung bereithält. Ist das richtig so? Ich bezweifle es hin und wieder.

Diese Ungerechtigkeit kann jedoch von zwei Seiten gesehen werden. Entweder muss es weniger Applaus für uns geben, muss herzliches Klatschen und Johlen wieder für besondere Leistungen reserviert werden, was sicherlich zulasten der Abende ginge, für alle Beteiligten. Oder es braucht ein Mehr an Lob für andere, verbunden mit einem neuen Respekt der Auftretenden für ihr Publikum. Im Fußballsprech wird manchmal kommentiert, eine Mannschaft habe sich ein Tor rückwirkend verdient: So kann man auch über den Zuspruch auf der Bühne denken. Im Wissen, dass mir viel Beifall gewiss ist, kann ich mich ausruhen oder ich kann mich angespornt fühlen, diesen zu rechtfertigen, indem ich anerkenne, dass hier Menschen Zeit und Geld investieren, um zuzuhören, Menschen, denen ich so sehr für ihre Arbeit danken sollte wie sie mir für meine.

Trotz kritischer Kollisionen: Ich bin froh, Slam und Schule nebeneinander betrieben zu haben. Das Eintauchen in die eine Welt ändert den Blick auf die andere, mein Abstandnehmen am Wochenende vom Lehrersein hat mir Kraft gegeben, die Arbeit in einem bühnenfernen Beruf im Alltag hat mich demütiger und zielstrebiger gemacht. Es gibt keinen Grund, sich dafür zu entschuldigen, dass ein begeistertes Publikum die Applausskala im Finale noch einmal nach oben öffnet, um das clevere Ende einer gut gearbeiteten Geschichte zu goutieren. Und es gibt keinen Grund, das für selbstverständlich und einforderbar zu halten und es dann nicht fertig zu kriegen, die Kopfhörer abzunehmen, wenn wir Brot beim Bäcker kaufen, der seit 12 Stunden auf den Beinen ist, um seinem Handwerk nachzugehen.

Ich will ein Haus bauen.

Ich will ein Haus bauen. Es ist Zeit.

Ich bin einem Alter, da könnte für viele meine Haare der nächste Friseurbesuch der letzte sein, da bringt man zum ersten Tinder-Date vorsichtshalber schon mal den Trauzeugen mit. Ohne Bausparvertrag bin ich als Süddeutscher um die 30 kein ganzer Mensch. *Besser keine Ohren am Kopf als keinen Ansprechpartner bei Schwäbisch-Hall*, sagt Oma immer.

Ich will ein Haus bauen, einen Ort, um anzukommen, meinen Schlüssel an die Wand zu hängen. Und ich sehe es vor mir.

Mit Garten für Gemüse und mit Rasen für ein Fußballtor, ein Haus mit Ziegeln in Rot und Fensterläden in Grün, einem Hoftor in Blau und Nachbarn in Gelb vor Neid. Große Fenster und kleine Ecken zum Verstecken, vier Zimmer für die Familie und sieben für meine anderen Hobbies, für Kino, Spiele, Minibar, Whirlpool, Lesen, niederschwelligen Satanismus und Primelzucht – hier bin ich Mensch, hier darf ich's sein.

Ich will ein Haus bauen und fahre, wohin andere Hausbauer fahren: in den Baumarkt.

»Ich will ein Haus bauen!«, deklamieren ich, die Frau an der Infotheke sieht wenig beeindruckt aus.

»Reichlich spät dran!«, schreit mir jede Pore ihres kunderservicegeprüften Baumarktverkäuferinnengesichts entgegen.

Baumarktverkäuferinnengesichter unterscheiden sich von anderen Gesichtern dadurch, dass sie mit EINEM Stirnrunzeln ausdrücken können, dass du mit DIESER Schraube gar nicht erst versuchen brauchst, DIESES Regal an DIESE Wand zu spaxen, du Fensterkit-Nuckler. Ein gutes Gesicht, ein ehrliches Gesicht, sie wird meine Gefährtin sein. Zusammen erkunden wir den Baumarkt. Ein Backsteinhaus soll es werden, ich habe mich auf Backstein.com über die Vorzüge von Backstein erkundigt, zwölf Vorzüge sind es, ZWÖLF! Lebkuchenhäuser zum Beispiel sind zwar viel leckerer, aber nicht so algenresistent. Vorteil Nummer 2 von Backstein laut Backstein.com, ein Backsteinhaus also besteht bei einer Backsteinlänge von 24 cm und einer Backsteinhöhe von 11,5 cm bei zwei Stockwerken aus ungefähr 25.000 Backsteinen.

»25.000 Backsteine, bitte«, sage ich.

»13.000 € bitte«, sagt die Fachkraft.

Ich bin beflügelt. Ich brauche Beton für das Fundament, Rollrasen, Mörtel und Dielen, Türen und Fenster und Fensterrahmen und Türrahmen, einen Fußabstreifer und ein Schlüsselbrettchen, Tapeten, Schrauben, Nägel und Fliesen, Ziegel und einen Giebelbalken – vielleicht sollte ich einen zweiten Einkaufswagen holen. Vor den Türklinken kommen wir zum Stehen.

»Davon neun Stück, bitte«, sage ich.

»216 €«, entgegnet meine Komplizin.

Ich komme erstmals ins Grübeln. Das ist viel Geld für einen Gebrauchsgegenstand. Wenn ich großzügig davon ausgehe, dass ich als freischaffender Künstler monatlich 600 € für einen Bausparvertrag beiseiteschaffen kann, dann sind das 7,2 Werktage, die ich nur für meine Türklinken arbeite. 14 Tage für die Fensterbänke, 26 für die Läden. 433 für Backsteine. Backsteine sind nicht nur sehr wertbeständig, sondern auch geronnene Lebenszeit in Karminrot. Und es ist ja nicht so, dass irgendwer Türklinken zu schätzen wüsste! Wenn man wen auf ein Bier für 3 € einlädt, sagt der artig »Danke«, aber wer dutzende Male die ungleich teureren Türklinken in deinem Haus benutzt, der sagt nicht: »Darf ich? Darf ich wirklich? Zu viel der Ehre, das kann ich nicht annehmen! Also gut, einmal noch, aber ich MUSS mich revanchieren, morgen darfst du mein Garagentor aufmachen!«

Ich will ein Haus bauen – aber brauche ich so einen Schnickschnack?

»Was, wenn ich keine Klinken hätte? Einfach Schwingtüren, für mehr Offenheit?«, denke ich laut.

Die Verkäuferin schlägt sich die Hand an die Stirn, offensichtlich, weil sie nicht selbst auf diese Idee gekommen ist. »Und noch offener als Schwingtüren wären keine Türen, für eine Welt der Verbundenheit und Nähe!«

»Ich kann die Türen also wieder abbestellen?«

»Und wer keine Türen hat, braucht keine Rahmen«, fahre ich fort, »streichen Sie die neun Türen und die neun Türrahmen und die neun Schwellen und die neun Türschlösser – und das Schlüsselbrettchen auch!«

Ich bin berauscht. Wo die Türen hätten sein sollen, mauere ich direkt große, hohe Durchgänge, das spart 1.200 Backsteine. Das sind 22 Tage, an denen ich einfach blau machen kann, statt Backsteine zu verdienen. Und für mehr Offenheit sorgen auch Aussparungen in der Außenwand, also Backsteinsäulen statt Wänden, auf denen das Dach sitzt, das spart die Fenster, dies soll mein Haus sein und darin haben wir keine kleingeistig getrennten Zimmer, nein, ein einziges Forum will ich, einen Ort für Leben und Begegnung, ohne die kostspieligen, asozialen, trennenden Innenwände, und hell soll es sein, und ich lasse das Dach fort und die störenden Säulen aus Backstein auch, und ich sehe mich stehen in meinem Haus, das nichts ist als ein Fundament aus Beton, ganz roh und urig, also ohne Dielen, ohne Dielen kein Fußabstreifer, das spart 9,50 €,

Kleinvieh macht auch Mist, ein Fundament, das ich nun eigentlich auch nicht mehr brauche, nein, besser auf einer Wiese, die naturbelassen ohne Rollrasen viel schöner ist, frei und hell und licht und schön und billig, und wenn es regnet, weiß ich mir auch zu helfen.

»Haben Sie Schirme?«, frage ich.

15 €. Ganz ohne Bausparvertrag.

Ich habe mein Haus gebaut. Es war Zeit. Glücklich schlendere ich in den jungen Tag hinein, es nieselt auf meinen Schirm, ich pfeife fröhlich, so fröhlich, wie sich nur fühlt, wer eben 700.000 € gespart hat und jetzt 23.000 Tage einfach frei machen kann. An denen kann ich Oma besuchen. Die freut sich.

Wahre Idole

Manche Kinder wollen Astronautinnen werden. Andere Rockstars. Andere wollen Insolvenzverwalter werden, und die schaffen das auch, so schwer ist das nicht. Wirklich viele Kinder wollen berühmte und erfolgreiche Sportler sein. Dabei denken sie an Lio Messi und Serena Williams, Hope Solo und LeBron James. Niemand denkt an Arndt Candy Bauer.

Arndt Candy Bauer ist Weltmeister, Olympia-Gold-Gewinner, Europacup-Erster, Gesamtweltcupsieger und Träger des besten Namens der Galaxis. Arndt Candy Bauer ist Bob-Anschieber. Als Nachwuchs-Bob-Anschieber erlebt man entweder den Durchbruch und ist super erfolgreich oder man hat eine extrem unnötige Fertigkeit erlernt. Was kann man tun, wenn es nicht klappt? Sehr schnell einkaufen? Kompetitiv Rasenmähen? Nix! Als Bob-Anschieber setzt man alles auf diese eine Karte: auf ein Leben im Rampenlicht! Na gut, im schwitzigen Windschatten des Mannes im Rampenlicht, aber das ist Haarspalterei, wenn man Arndt Candy Bauer fragt. Um Insolvenzverwalter zu werden, sollte man Mathe können und mit menschlichem Unglück umgehen. Ein bisschen so wie mein alter Physiklehrer; einen angehenden Germanisten in Physik zu unterrichten, ist ungefähr so, wie einem besonders blöden Goldfisch etwas beizubringen. Zum Beispiel 10-Finger-Tippen. Bob-Anschieber dagegen sind unfassbar krasse Sportler, die ihr ganzes Leben für den Erfolg schuften. Arndt Candy Bauer, der übrigens nur einen dieser Vornamen auch führt – und es ist nicht Arndt –, ist Soldat und war früher Kugelstoßer. Noch so eine Gabe für die spätere Laufbahn. Er ist also nicht nur immer Erster beim Vater-Sohn-Kinderwagen-Rennen und kann sehr harte doppelte Fistbumps geben, sondern auch runde Dinge, die er loswerden will, ganz weit wegschubsen. Alte Honigmelonen, kaputte Kugelgrills oder den dicken Sohn von Frau Schmölke aus dem zweiten Stock[2].

Und gerade diese Hingabe zu etwas vollkommen Sinnlosem, mit dem man in Deutschland noch nicht einmal brauchbar Geld verdienen kann, macht Profisportlerinnen und Athleten in Randsportarten zu solchen Heldengestalten. Zu Widerständlern, Underdogs, durchoptimierten Optimierungsverweigerern. Ich stelle mir manchmal die Zweiklassengesellschaft im olympischen Dorf vor; während die im Rampenlicht stehenden Abfahrerinnen und Skispringer noch schnell einen Schluck aus der frischen Magnumflasche Schampus vom Sponsor nehmen und den Rest wegschütten, teilt sich das Vierer-Bob-Team von den öffentlichen Fördergeldern ein kleines Wasser an der Bar. Mit ihren Trainern. Die Nerds von der Langlauf-Mannschaft hat man gar nicht erst reingelassen. Während Felix Neureuther adrett gefeudelt ein Interview für die ARD gibt, eins für den Spiegel, eins für die »Apothekenumschau«, hält man Arndt Candy Bauer für einen Türsteher. Immerhin macht er noch einen Sport, von dem man einen schönen Körper bekommt. Er hätte ja auch Geher werden können, dann wäre er nicht nur vollkommen ausgelaugt, frustriert und pleite, sondern auch noch ein Lauch. Erst

---

2 Falls sich wer fragt, ob Arndt Candy Bauer diesen Text kennt: Er folgt mir seit dem YouTube-Release auf Instagram …

wenn Arndt Candy Bauer alt ist und seinen Rollator mit Spikes an den Füßen im Rekordtempo durch die Seniorenresidenz jagt, wird man ihn würdigen. Bis dahin kann er auf viele Goldmedaillen, zahllose Siege, Top-Startzeiten zurückblicken; er wird den Traum gelebt haben!

So wie JamesOn Curry. JamesOn Curry war Basketball-Spieler in der NBA. Für 3,9 Sekunden. 3,9 Sekunden vor dem Ende eines Viertels wurde er eingewechselt; in den folgenden 3,9 Sekunden überzeugte er nicht hundertprozentig, also ging er nach der Pause wieder auf die Bank – und kam nie wieder. Man könnte sagen, JamesOn Curry und ich haben gleich lange in der NBA gespielt, +/-4 Sekunden. Andere haben eine lange Karriere, obwohl man ihnen herzlich eine kurze wünschen möchte, wie Reggie Strickland, der 363 Boxkämpfe austrug und 276 davon verlor. Von Reggie lernen heißt: Aufstehen lernen! Besser von Reggie lernen heißt: vielleicht eher gar nicht erst mitmachen! Ob er sich das so vorstellte, als er das erste Paar Boxhandschuhe von irgendeinem Cousin oder Patenonkel geschenkt bekam, der sich hoffentlich furchtbar für das schämt, was er angerichtet hat?

Profisportler werden wollen, ist echt scheiße irrational. In 99 % der Fälle einfach ein harter Irrweg. Totale Tagträumerei. Und genau darum sollte man Kinder darin bestärken. Insolvenzverwalterin oder Deutschlehrer sind sie noch früh genug. Wenn sie Astronauten und Rockgitarristinnen werden wollen, Geheimagentinnen oder weltberühmte Maler, lasst sie machen. Vielleicht kommt alles ganz anders, vielleicht warten aber auch 15 Minuten Ruhm. Oder 3,9 Sekunden.

Ich jedenfalls zieh den Hut.

Stimme gesucht!
Warum der Weg hier jetzt aber wirklich mal das Ziel ist

Stellen wir uns vor, Bob Dylan tritt bei einem Musikfestival in Deutschland auf. Tausende kommen, um verschiedene Acts zu hören, an Ständen Holzperlenketten und Hüte für ein Selfie umzulegen und aufzusetzen und sie dann doch nicht zu kaufen, um Flunkyball zu spielen und bereuenswerten Sex unter bedenklichen hygienischen Umständen zu haben. Vor allem aber, um den Großmeister zu hören, einen der größten Songwriter überhaupt. Nun ist es Samstagabend; die Stimmung ist traumhaft harmonisch, die Spannung und die Vorfreude steigen. Tetra Paks mit Wein an Trageriemen aus Tape kreisen, weniger offen auch Joints, Jung und Alt zwinkern sich wissend zu: Gleich wird Geschichte geschrieben. Deutsche Woodstock. Und dann tritt Bob auf, er trägt aktuell wieder Bart, seine Band spielt ihn ein, während er eine Runde am Bühnenrand dreht und halbherzig winkt. Jetzt legt er los. Und rappt zu überproduzierten Synthie-Beats Track um Track über die Vorzüge des Verbrennungsmotors.

Mit enttäuschten Erwartungen der Art, wie sie hier zweifellos einträten, haben Slam-Schaffende kaum zu kämpfen – einfach, weil wir weder Bob Dylan noch Lauryn Hill sind. Das ist eine charmante Art, festzustellen, dass uns niemand kennt. Die wenigsten Menschen, die zu einer Veranstaltung kommen, auf der wir auftreten, wissen, wer wir sind, und haben eine feste Erwartung davon, wie wir zu klingen haben; gefallen soll es, selbstredend, und ins grobe Raster passen, aber die Storytellerin, die plötzlich reimt, muss sich niemandem erklären, ebenso wenig wie der Lyriker, der sich an einem Essay versucht. Untereinander wären wir wohl neugierig und die für die Zusammenstellung des Slams zuständige Person, so es sich denn um eine kuratierte Veranstaltung handelt, wäre womöglich irritiert, weil sie die Balance des Abends in Gefahr wähnt. Auf der Bühne aber haben wir immer wieder die Chance, uns ganz neu einzuführen.

Für das eine Prozent der jeweils aktiven Szene, das einen solchen Grad an Bekanntheit erreicht hat, dass Zuschauende seinetwegen kommen, mag das nicht gelten. Alle anderen jedoch können auf der Suche danach, was denn nun »ihr« Stil ist, lustvoll verschiedenste Pfade hinabschreiten, in ganz neue Register spicken: Warum nicht mal an Satire wagen, warum kein Märchen schreiben, warum nicht dem Hexameter eine Chance geben, eine Rap-Passage erproben? Der für selbstverständlich gehaltene und darüber leicht vergessene Zauber von Poetry Slam als Profession ist genau diese Einladung zum beständigen Wandel. Denn für die neue Karriere als Stand-up-Comedienne, als Wortspielexperte, als Balladenschreiber brauche ich keinen Reset auf Level eins, ins Tutorial des Spiels gar, zurück auf die offene Liste und raus aus den Booking-Listen – sämtliche Speicherstände bleiben erhalten, ich kann direkt auf die nächste große Bühne und etwas völlig Neues ausprobieren. Wer kann das sonst, abgesehen von solchen Prominenten, die mit ihrem Namen alleine Bücher, Tickets oder Filme zu verkaufen vermögen?

All das gehört jedoch entschieden in den Konjunktiv gesetzt. Wir KÖNNTEN uns täglich neu erfinden, wir KÖNN-

TEN die Mischung aus Anonymität und großem Publikum für Experimente nutzen, KÖNNTEN kurz vor dem Endgegner die Charakterklasse wechseln und auf einmal als Barde weiterspielen; doch viel zu selten machen wir von dieser Chance Gebrauch. Einerseits ist das unmittelbar verständlich, hat uns doch unsere Schreibe dahin gebracht, wo wir stehen, werden wir doch für Texte, die nach uns klingen, eingeladen, von Menschen, die uns eben doch kennen. Wir haben eine Expertise darin erworben, so zu arbeiten, wie wir es eben tun, und werden positiv verstärkt durch Erfolg und Zuspruch. Und wer will schon die Gastgeberin enttäuschen, die die Anfahrt und eine Gage bezahlt, damit wir unsere Greatest Hits auch auf ihrer Bühne spielen?

Andererseits finde ich, dass diese Dienstleistungs- und Sicherheitsmentalität (von der ich in keinster (keinster! Superlativ!) Weise frei bin) Poetry Slam unendlich träge und repetitiv macht. Experimente sind selten, ausgedrückte Meinungen fast nie kontrovers, die stilistische Vielfalt in den Bühnen-Repertoires meist überschaubar. Das begünstigt relative handwerkliche Meisterschaft, es begünstigt Anschlussfähigkeit, Dynamik aber begünstigt es nicht, und die fehlt! Es begeistert mich, wenn Texte radikal kurz, unerwartet performativ, provokant, eigen sind, wenn sie Regeln brechen, den runden Ablauf stören. Wenn ein Risiko eingegangen wird: Das könnte fürs Finale reichen oder allgemein peinlich gefunden werden. Jedenfalls wissen wir danach mehr.

Auf der Suche nach der eigenen Stimme, nach dem eigenen Stil, ist Ergebnisorientierung im Slam überbewertet, die Prozessorientierung kommt zu kurz. Was, wenn diese eigene Stimme anders klingt, je nachdem, worüber sie spricht? Wenn Themen, an die sich der Studentenprosaist nicht wagt, genau die sind, in denen er aufblüht, auch wenn sich seine zuschauende WG wundert, dass er auf einmal so ernst daherkommt? Was, wenn sich der dramatische Gestus der Performancelyrikerin eigentlich herrlich für komische Perspektiven auf banale Umstände eignet? Die verfrühte Unterwerfung unter fremde Erwartungen, der Wunsch, Erfolge zu wiederholen und zu überbieten, indem bekannte Rezepte wieder und wieder zubereitet werden, stehen uns im Weg. Und die kollektive Bequemlichkeit lähmt Poetry Slam als Ganzes.

Am deutlichsten trifft das wohl den »Mittelbau«, die 100–200 Reisepoet *innen, die viel auf Tour sind, fest im Netzwerk angekommen, intern für einen Stil bekannt. Ich zähle mich zu dieser Gruppe. Gerade uns fehlt der Mut, das Versprechen von Slam einzulösen und wieder und wieder neues Terrain zu betreten. Die Spitzengruppe der bekanntesten Kolleg*innen steht nicht im gleichen Maße in der Pflicht: Sie feilt oft an Soloprogrammen, die ihre Stärken voll zur Geltung bringen, die hat eine Fanbase, die ihretwegen kommt – sie hat eine Stimme gefunden, die offenbar noch fehlte, und nun in dieser sprechen zu wollen, das kann man ihr nicht vorwerfen.

Rettung kommt – von außen. Wann immer Newcomerinnen und Quereinsteiger die Bühne betreten, am besten, ohne je bei einem Poetry Slam gewesen zu sein, dann sind sie unbelastet von vielem, was die Szene unbeweglich macht. Der ständige Zufluss dieser Menschen macht unsere Bühnenwelt besonders, denn schneller als irgendwo sonst können sie maßgeblicher Teil des Betriebs werden. Ihnen mit Respekt zu begegnen, mit der offenen Geisteshaltung, von ihnen ebenso lernen zu wollen, wie sie von uns profitieren mögen, fällt oft schwer; Seniorität macht arrogant. Dabei liegt in jeder Veränderung dessen, was bei Slam denkbar ist, die Chance, die Suche nach der eigenen Stimme immer wieder neu als Abenteuer zu entdecken. Und wer weiß? Vielleicht ist Cloud-Rap-Dylan genau das Idol, das uns gerade noch fehlte.

Schwarztee

Wann ist ein schwarzer Tee zu bitter? Macht eine einzelne Sekunde wirklich einen Unterschied? Kann man ihn nicht noch eine Sekunde ziehen lassen und dann noch eine und dann noch eine? Irgendwann aber kommt einfach wer, probiert, sagt: »Fuck, eklig, ist der bitter!« und kippt den Tee weg.

Wann ist ein blödes Arschloch ein blödes Arschloch? Wenn es sich einmal wie eines benimmt? 10 % der Zeit? 20 %? Reicht es schon, einmal auf der Autobahn auf 5 cm heranzufahren und wie ein verhinderter Leuchtturmwärter Blinksignale in die Heckscheibe zu ballern? Reicht es schon, einmal ohne Not aus einem uralten Facebook-Chat auszusteigen, sodass dieser im Postfach aller anderen Beteiligten wieder ganz oben auftaucht mit nichts als der Nachricht »Stupid McDumbface hat die Unterhaltung verlassen«? Reicht es schon, einmal die Zeche zu prellen beim Benefizdinner fürs Kinderhilfswerk? Reicht es schon, bloß einmal die oberste Stufe der Wendeltreppe einzuölen und das entstandene Video namens »superlustiger Treppensturz-Fail lol« auf YouTube zu stellen, in dem dein Mitbewohner drei Zähne, sein Kreuzband und ein Auge einbüßt? Falls ja: Ups!

Da gibt es diese Menschen, die die meiste Zeit unerträglicher sind als Migräne beim Bedienen eines Presslufthammers, für die aber irgendein Freund bürgt und sagt, »dass die eigentlich ganz anders sind«.

»Du, der Yannick hat beim Frühstück mit seinem Penis ein Hakenkreuz in die Butter gemalt. Ich weiß nicht, ob ich den weiter zum Brunch mit meinen Kindern einlade.«

»Ach, wenn man mit dem alleine ist, ist er eigentlich super korrekt!«

Was gilt denn nun? Wer bist du, Yannick, verdienst du es, an deinen guten Momenten gemessen zu werden oder daran, dass noch Rama an deinem Malwerkzeug klebt?

Wann darf, wann muss ich einen Stempel oder eine Schublade bemühen, um Menschen einfach mal grob zu kategorisieren? Dass man Menschen nicht in Schubladen stecken kann, ist ein Mythos, die Schublade muss einfach groß genug sein oder der Mensch handlich genug in seine charakterlichen Eigenheiten zerlegt. Kann man etwas Rassistisches sagen oder tun, etwas Sexistisches, etwas Homophobes oder Antisemitisches, ohne selbst »ein richtiger« Rassist, Sexist oder einfach Farid Bang zu sein? Ist es überhaupt wichtig, was man »wirklich« ist? Ich bewerte ja auch nicht die tolle Fusion-Jazz-Musik, die DJ Ötzi vielleicht machen könnte, sondern die geschichtsvergessene Abscheulichkeit namens »Bella Ciao«.

Wann ist eine Spezi eine Spezi – mit einem Tropfen Fanta in der Cola, mit zwei, mit drei? Und wenn es erst einmal Spezi ist: Wie viel Cola muss man hineintun, damit man sie wieder als Cola wahrnimmt? Diskutieren wir nicht den Extremfall, die pure Fanta, komplexer sind die Fifty Shades of Soda in der Mitte! Ist das mit dem Arschlochsein jetzt wie mit der Spezi oder wie mit dem Tee, kippt es irgendwann, ist es eine Frage der Mischung? Kann man wirklich aus einem Blickwinkel, in einer Situation Fanta sein, in einer Cola und in der nächsten Spezi? Oder ist es nicht so – wenn es geht wie ein Aasgeier und riecht wie ein Aasgeier und aussieht wie ein Aasgeier, wie wahrscheinlich ist es, dass es ein flauschiges Hoppelhäschen ist? Also ... »eigentlich«?

Darf ein begnadeter Künstler privat und beruflich ein Arschloch sein oder müssen wir nach Kevin Spacey auch Klaus Kinski nachträglich aus Filmen schneiden? Kann ich andererseits wirklich akzeptieren, dass übergriffige Widerlinge zu Idolen aufsteigen? Würde ich umgekehrt einem erwiesenen Ekel, das später erst etwas künstlerisch Bedeutendes schafft, dieselbe Chance geben?

»Also, dieser Jair Bolsonaro, der ist ja echt ein unangenehmer Dude, aber sein neuer Film, in dem er so herzzerreissens einen schwulen, autistischen Stepptänzer in Limerick zur Zeit der Kartoffelpest spielt, der einem Straßenhund das Jodeln beibringt, den find ich knorke.«

Wie viele Vorfälle reichen, um ein Muster zu sein? Zwei Punkte sind eine Linie, drei ein Dreieck, geht das schon als Muster durch? Genügt ein einzelner Punkt, der groß genug ist, eine lose Ansammlung von kleinen? Über Kunst lässt sich streiten – über Charakter auch. Hat man ein Anrecht auf moralischen Kredit oder haben wir eine Pflicht, zügig abzustrafen, um Menschen in die Schranken zu weisen? Wenn Letzteres zutrifft – welche Stufen kennt unsere Urteilsfindung? Völlige öffentliche Ächtung, ein bisschen öffentliche Ächtung, formale Rüge auf Snapchat?

#MeToo, #IDid. Ich bin sicher schon übergriffig und aggressiv und aufdringlich gewesen. Und ich habe Menschen Anlass gegeben, mich scheiße zu finden. Oft. Ob oft genug, das müssen andere entscheiden. Lose gepunktet oder schon bunt gemustert? Das zu beurteilen, steht mir einfach nicht alleine zu. #IDo. Ich relativiere zu schnell. #Ido. Ich verurteile zu hart.

Wann ist ein schwarzer Tee zu bitter? Macht ein einziger Moment den Unterschied? Die Antwort ist: schwer zu sagen. Schwer zu sagen, ob du den Beutel noch eine Sekunde drin lassen, es noch einmal darauf ankommen lassen solltest. Denn irgendwann wird wer kommen, probieren und sagen: »Fuck, eklig, ist der bitter!«

Dann ist es zu wenig, wenn du sagst: Quatsch, ich bin doch ganz ein Süßer.

Geh stattdessen mal kurz in dich und frage dich, ob da nicht vielleicht was dran ist.

Stiere opfern

Halloween ist sehr seltsam. Da wird im 7. Jahrhundert an einem frühchristlichen Märtyrer-Gedenktag das heidnische Pantheon der Jungfrau Maria geweiht und am Ende einer langen und schwer nachvollziehbaren Kette von Ereignissen steht ein 1,50 m hohes Bettlaken vor meiner Wohnungstür und droht mit Vergeltung, wenn es nichts Süßes bekommt. Ich händige der Gestalt, die entweder einen Geist oder einen republikanischen Wähler aus den Südstaaten darstellen soll, eine eigens portionierte 100 g-Tüte reinen Rohrzuckers aus. Innerlich beglückwünsche ich die Eltern des nicht näher bestimmbaren Kindes: Bei dem Blutzuckerspiegel wird heute noch richtig geballert bei euch.

Von allen Feiertagen, die wir hätten importieren können, ist Halloween sicher der dümmste; steck dein Kind in ein Spiderman-Kostüm, schick es alleine zu irgendwelchen Leuten nach Hause, leg Geld für die Zahnzusatzversicherung beiseite! Es ist der verwirrende eine Tag im Jahr, an dem man negativ auffällt, wenn man den Kids wildfremder Leute keine Süßigkeiten anbietet. An dem man Zombies begegnet, die weder Ärztinnen noch Pfleger nach der 72-Stunden-Schicht sind. Ich frage mich währenddessen vor allem: Muss man das auf einmal mitmachen? Am 15.3. ist der internationale Tag der Rückengesundheit, da stehe ich ja auch nicht als Orthopäde verkleidet mit einer Yoga-matte vor eurer Tür und verlange eine Massage. Wo kä-men wir hin, wenn wir am 10.1. alle zusammen lautstark den weltweiten Tag der Blockflöte begehen würden? Ich käme nicht auf die Idee, am 19.10. zum römischen Armilus-trium-Fest dem Kriegsgott Mars einen Stier zu opfern, um meine Kriegswaffen traditionell mit seinem Blut zu wei-hen. Nicht mehr jedenfalls. Stiere sind voll teuer gewor-den.

Dabei hat Halloween im Kern natürlich keinen religiö-sen, keinen folkloristischen, keinen traditionellen Hinter-grund, sondern einen rein kommerziellen. Die Wirtschaft hat das Fest importiert, weil dann gekauft wird – Candy, Kostüme, Cola-Korn. Denn es wird ja nicht nur geklingelt und geschnorrt, es finden auch konsumorientierte Motto-partys statt! Da verkleiden sich wie in Sitcoms die Frauen als sexy Zombie-Krankenschwester, als hotte Geister-Po-lizistin, als verruchte Mumien-Bibliothekarin. Das Rezept ist offenbar, die erotische, untote Version eines möglichst alltäglichen Berufs darzustellen – nymphomanische Ghul-Verwaltungsfachangestellte zum Beispiel. Die Männer ge-hen als Vampir oder als Freddy Kruger, als Totengräber oder Vampir, manche gehen auch als Dracula, Nosferatu oder einfach als Vampir. Viel mehr als einen schwarzen Kissenbezug als Cape, ein paar Tropfen Ketchup und Plas-tikzähne für 2,99 braucht es dazu nicht. Und dann mei-nen sie, den ganzen Abend so tun zu dürfen, als würden sie den Hals der süßen Dämonen-Versicherungsvertrete-rin anknabbern, wobei sie anzüglich das Wort »Jungfrau« hauchen. Yeah! Karneval im Herbst, genau das, was dem Land noch gefehlt hat.

Andererseits – vielleicht ist es tatsächlich genau das, was wir brauchen, einen Tag im Jahr, um uns kontrolliert zu gruseln und Horrorvisagen aufzusetzen. Und dann den Rest der Zeit mal wieder etwas entspannen. Einfach mal als Alexander Gauland gehen – Tweedsakko, Dackelkrawatte, keine Hose, weil die beim Baden geklaut wurde. Das ist Liebe zum Detail! Modell sexy Reichstagsabgeordneten-Wiedergänger. Oder als Impfgegner-Kind gehen. Birkenstocksandalen und Zombie-Schminke, fertig ist die Laube. Alles raus, all die schlimmen Gedanken. Warum nicht bei der Gelegenheit als Altersarmut verkleiden, als Wohnungslosigkeit, als Artensterben, Klimawandel, Rechtsruck, Rentenlücke? Du bist ja ein süßer Pflegenotstand, dafür geb ich dir gerne ein Duplo.

Aber nein, Halloween bleibt Hexenschlapphut mit Minirock, Gummimaske und Plastikmesser. So schlecht geht es den Menschen offenbar noch nicht, weiterhin hängen sie sich Kostüme in den Schrank, nur um einmal im Jahr besoffen drauf zu kotzen. Im September die Lederhose und das Dirndl, im Oktober das Horror-Clownskostüm, im Juni das Nationalmannschaftstrikot. Es klingelt wieder an der Tür. »Süßes, sonst gibt's Saures«, sagen ein zahnlückiger Werwolf und ein neongrünes Skelett im Chor und sehen sehr aufgeregt aus.

Ich drücke ihnen ein altes Glas Honig und eine halbvolle Tüte Instantpudding in die Hand und lächle dabei großzügig. Sie ziehen ab, kurz darauf klatschen Klopapierrollen gegen die Hausfassade. Muss eine Verwechslung sein. Oder ein Konzeptkostüm zur Ressourcenknappheit.

Und selbst wenn nicht: Immer noch besser als Stiere opfern. Aber echt nur ein bisschen.

Ein Text ist ein Text ist keine Predigt

… und ein Publikum noch lang kein Chor

Ein Bild, an dem in den vergangenen Jahren kaum ein Vorbeikommen war, ist das von Poetry Slam als Glaubensversammlung, als Gottesdienst. Der Gott ist dabei die Moral, die Predigenden sind engagierte, tief bewegte, junge irgendwie-Linke, die Gemeinde besteht aus Menschen, die längst glauben, denen der sonntägliche Gang in die Kleinkunstkneipe ihres Vertrauens Bestätigung und Halt bietet: Wir sind die Guten, und dass das mal jemand in Reimen sagt, das find ich toll. *Preaching to the Choir* heißt die Formel in prägnanter Kürze.

Nach dem Wegschälen der Metapher bleibt der Vorwurf, die Botschaften in Slam-Texten zur Situation von Geflüchteten, gegen rechten Hass oder für mehr Empathie untereinander seien banal und erreichten zudem nur die, von denen kein Widerspruch zu erwarten sei. Und tatsächlich ist mir kein Fall zu Ohren gekommen, in dem ein anwesendes Mitglied der identitären Bewegung nach einem Text, der völkisches Denken kritisierte, entweder bekehrt zurückblieb oder mit der vortragenden Person in einen fruchtbaren Dialog getreten wäre.

Soll Abhilfe geschaffen werden, gibt es direkt zwei naheliegende Optionen: Das Publikum braucht andere Texte oder die Texte brauchen ein anderes Publikum. Ersteres bedeutet, genauer auf die Verfehlungen der eigenen Soziosphäre zu blicken, was mit einem großen Maß an Introspektion verbunden ist, ein nötiger, aber schmerzhafter Prozess. Das Ergebnis mag für viele Zuhörende schwerer zu verdauen sein – und da Slam ein Wettbewerb ist, wird sich die Publikumsschelte wahrscheinlich negativ auf den eigenen Erfolg auswirken. Wer auch immer diesen Weg geht: Chapeau! Ich wünschte, es geschähe öfter; ich selbst traue mich das wohl höchstens in Ansätzen. Allerdings: Dass das eigene Publikum aber ganz ungeschoren davonkommt, kann ich nicht behaupten – vielleicht haben wir wenige Nazis und Frauenmörder zu Gast, Machos und Umweltsünderinnen aber durchaus.

Noch kniffliger ist es mit dem Ortswechsel. Ich habe einmal in Anwesenheit von Alice Weidel einen Text über das Bundestagswahlprogramm der (sogenannten) AfD verlesen, ihre Fans waren wenig angetan. Dass ich damit etwas bewegt habe, wage ich zu bezweifeln, letztlich war wohl auch hier die Affirmation der anwesenden Weidel-Gegner ein stärkerer Effekt. Von denen, an die sich unsere kritischeren Texte richten sollten, werden wir im Zweifel wohl einfach kaum für voll genommen – oder eben gar nicht erst eingeladen.

Nun gibt es eine dritte Option. Nämlich die negative Konnotation des Predigens vor Bekehrten zu hinterfragen. Menschen zum Beispiel, die sich etwa der Sisyphos-Aufgabe stellen, Hassrede im Internet zu bekämpfen, haben es unter Umständen verdient, gelegentlich Bestätigung für ihre Positionen zu finden und mit Argumenten und sprachlichen Bildern versorgt zu werden. Warum soll das kein lohnendes Unterfangen sein? Der hohe Anspruch, sich permanent an die eigene Nase fassen zu wollen, besteht andernorts nicht, wo etwa rechte Identitätspolitik ohne Raum für Zweifel erfolgt – diesem Grad an Eindeutigkeit mit eigenen Akten der Selbstbestätigung entgegenzutreten kann hilfreich, ja, nötig sein. Die Forderung, zunächst immer vor der eigenen Haustür zu kehren, geht auf schlichtes binären Denken zurück, nach dem jedem Fehler der einen Seite ein gleichwertiges Versagen der anderen entgegenstehen müsse. Hufeisen, ick hör dir trapsen.

Die große Ermüdung angesichts der Häufung von affirmativen Appellen auf der Bühne ist jedoch auch bei dieser günstigen Auslegung nachvollziehbar. Bei einem Auftritt in Karlsruhe im Jahr 2018 holte mich selbst der Überdruss ein. Es handelte sich um einen Dead-or-Alive-Slam, bei dem Kolleg *innen meines Fachs zusammen mit Schauspieler *innen auf der Bühne standen, die ihrerseits tote Schriftschaffende verkörperten und als diese im Wettbewerb antraten. Da nun die toten Gestalten in diesem Fall allesamt politisch engagierte Menschen waren und auch wir überwiegend »kritische« Texte im weitesten Sinne lasen, entwickelte ich ein fast körperliches Unbehagen: Da erklärte ein Panel junger Menschen dem Publikum nacheinander, wie schlecht Kapitalismus, wie verachtenswert das Patriarchat, wie wichtig die Liebe zueinander seien. Und bitte hört einander zu! Und spart Wasser, wo ihr könnt! Nichts davon war oder ist falsch, im Gegenteil: Alles fand breite Zustimmung. Der Habitus als Ganzer, zu dem ich fraglos beitrug, störte mich dennoch und vielleicht gerade deswegen. Ich beschloss noch während der Veranstaltung, einen bewusst albernen, botschaftslosen Text über ein fiktives totes Haustier zu schreiben. Das Ergebnis folgt auf den nächsten Seiten.

Und nun? Sind politisch engagierte Texte folgenlose, gefällige Predigten vor Bekehrten, die die Vortragenden sich besser sparen sollten? Ich finde, das kommt erstens auf den Charakter des einzelnen Textes an, zweitens auf die Zusammenstellung des Slam-Abends, drittens auf den genauen Anspruch, den man an diese Auftritte stellt.

Erstens finde ich Texte entschieden langweilig, deren Kernbotschaft von vorneherein mehrheitsfähig ist. Wer sechs Minuten braucht, um mitzuteilen, dass es gut wäre, wenn wir einander liebhätten, und dabei nicht zumindest in der Form brilliert, der hinterfrage sich. Bitte! Dieses Prinzip ist wohl am nächsten dran an einer Poetik, die ich für mich selbst formulieren würde: WENN Message, dann eine, die erst durch den Text auf volle Zustimmung hoffen darf.

Zweitens brauchen Botschaften Raum, müssen sich setzen und Wurzeln schlagen können. Schlag auf Schlag Appell an Appell zu reihen, nimmt jedem einzelnen die Luft – und das Publikum fühlt sich getrieben und überfordert. Es liegt also an allen Beteiligten, gegebenenfalls zurückzutreten und das Setzen der eigenen inhaltlichen Note auf einen anderen Abend zu vertagen. Der ermüdende Eindruck der Predigt entsteht nicht nur, aber auch aus der Häufung von in der Ausrichtung homogenen Beiträgen.

Drittens stehe ich dazu, dass der Anspruch falsch ist, mit im weitesten Sinne politischen Texten ein Umdenken bewirken zu müssen, um sie zu legitimieren. Es mag herausragenden Stücken, die im Internet herumgereicht werden, gelingen, hier und da etwas zu bewirken. Aber auch die Bekräftigung und Begründung bereits vage empfundener Haltungen ist nicht ohne Wert, der identitätsstiftende Akt, laut die gute Sache zu beklatschen, ist keineswegs einfach nur moralische Masturbation, sondern zum Beispiel auch Konsolidierung des Widerstandes gegen Diskursverschiebung nach rechts. Die Antwort auf den Vorwurf, nur für Konvertierte zu predigen, kann also durchaus »Na und?« lauten. Solange Platz bleibt für eine Rüge der Gemeinde, für originelle Gedanken, ist daran nichts Verwerfliches.

Was nicht heißen muss, dass man die Gelegenheit, ein anderes Publikum anzutreffen und dieses zu konfrontieren, auslassen sollte. Allein der Glaube, man könne so die ungeahnte Überzeugungsmacht des Poetry Slam entfesseln, gehört besser früher als später begraben.

Epikur und ich

Es gibt definierende Momente in jedem Leben. Der erste Schultag, der erste Kuss, das erste Mal freiwillig für sich selbst Brokkoli kaufen. Das erste Mal beim Besorgen von Weihnachtsgeschenken für deine Eltern denken: »Will ich das mal erben«? Ein besonders prägender Moment aber ist es, wenn dein erstes Haustier stirbt.

Epikur war ein spezieller Hamster. Ursprünglich hatte ich ihn Fabian nennen wollen, denn er sah irgendwie aus wie ein richtiger Fabian, rundbackig, niedlich und leicht überfordert, aber als ich sah, mit welcher Einstellung er das Leben anpackte, blieb mir nur, meinen Plan zu ändern. Ganz wie Epikur, der antike Philosoph, strebte Epikur, der Hamster, nach Genussmaximierung und Diesseitigkeit, und wenn das hieß, auf die Fußmatte zu pinkeln, das TV-Kabel durchzunagen und die Speicherkarte mit meiner Abschlussarbeit zu futtern, dann war das eben so. Nicht umsonst sagte Epikur, der Philosoph: »Wer sich um das Morgen am wenigsten kümmert, geht ihm mit der größten Lust entgegen.« Oder, im altgriechischen Original: Yolo.

Eines Tages jedoch entdeckte ich, dass Epikur seinem Namensvetter noch in einer anderen Hinsicht ähnlich geworden war: Er war tot. Ich werde wohl nie vollständig rekonstruieren können, wie er es geschafft hatte, das Bügelbrett so sehr ins Wanken zu bringen, dass das brandneue

Dampfbügeleisen Tefal FV4920 Ultragliss, die Spitze vor-
neweg, zu Boden stürzte. Epikur jedenfalls, bei allem He-
donismus durchaus nicht rücksichtslos, erwies mir einen
letzten Dienst, indem er seinen wohlgenährten Hamster-
körper zwischen Bügeleisenspitze und Parkett manövrier-
te und es so verstand, Schäden sowohl am neuwertigen
Gerät als auch am teuren Kirschholz praktisch komplett
zu verhüten. Mich beeindruckte diese Selbstlosigkeit;
gleichzeitig beschlich mich das Gefühl, dass der alternde Nager, der immerhin stolze anderthalb Jahre auf dem
Buckel gehabt hatte, hier planvoll einen Suizid dem Siech-
tum der späten Hamsterjahre vorgezogen hatte. Bilder
aus unserer gemeinsamen Zeit zogen an meinem inneren
Auge vorbei: Der große Fluchtversuch im Mai; der große Fluchtversuch im August; die Versiegelung des Abluft-
schachtes mit Hasendraht im September. Klar, es hatte
auch Spannungen gegeben, und über die Kastration war
er wohl nie ganz hinweggekommen, aber im Zweifel ein-
ten uns der gemeinsame Konsum von Honigwaffeln, eine
Folge »Love Island« und die abgrundtiefe Verachtung, die
wir für Meerschweinchen empfanden.

Meerschweinchen, fanden wir, sind wie Reißverschlüsse
an alten Cordhosen: Sie quietschen und stinken nach Urin.
Sonst haben sie einfach nicht viel zu bieten. Wenn man in-
teressante Fakten über Meerschweinchen googelt, erfährt
man, dass sie vorne vier Zehen und hinten drei Zehen haben.
Und das sagt einfach alles über ihren Unterhaltungswert aus.
Hamster dagegen können sich 20 % ihres Körpergewichts
an Futter in ihre Backen stopfen. Um das zu verdeutlichen:
Könnte ich das auch, hätte ich gerade gut 16kg Mehl im Gesicht eingelagert, genug für rund 400 Pfannkuchen. Bäm!
Hätte ich dagegen nur drei Zehen an den Hinterläufen, würde ich einfach umkippen. Entscheidet selbst, was cooler ist.

Unter einiger Mühe schaufelte ich Epikurs sterbliche
Überreste mit einem Kehrblech und einer harten Bürs-

te zusammen, um sie würdig zu begraben. Nach stilechter antik-griechischer Sitte galt es, den Toten in weißes Tuch zu hüllen, ihm Münzen für den Fährmann mitzugeben und ihn in einem Leichenzug zum Scheiterhaufen zu geleiten. Ich steckte Epikur also, so würdevoll es mir eben gelang, in eine alte Tennissocke, warf zwei Fünf-Cent-Stücke hinzu und machte mich mit einem Einweggrill auf den Weg zu einer öffentlichen Feuerstelle, die mir geeignet erschien, dem treuen Gefährten die letzte Ehre zu erweisen. Dem selbstlosen Naturell des Hamsters gemäß, der nicht gewollt hätte, dass die umweltschädliche Aluschale nur seinetwegen brennt, besorgte ich unterwegs noch etwas Grillgut, das ihm auf seiner letzten Reise Gesellschaft leisten würde. Und dann, als Epikur, stoisch in stilechtem Baumwoll-Polyester-Gemisch schmorend, zwischen einer Merguez, einem Käsekracher und einem Nackensteak majestätisch aufgebahrt, nach und nach in toxischem Qualm aufging, geschah es: Die Wolken teilten sich. Die Spatzen pfiffen perfekt orchestriert »The Circle of Life« aus dem »König der Löwen«. Ein pausbackiges, pelziges Gesicht aus Nebel erschien, umschwebt von 400 sphärischen Pfannkuchen. »Vergiss nie, wer du bist«, lispelte es. »Erinnere dich ... Erinnere dich ... Erinnere dich ...«

Dann verpuffte das Tier. Und ließ mich zurück – mit nichts als einem gebrochenen Herzen, einer Flasche Hela-Curry-Ketchup und einer mittelschweren Rauchvergiftung.

Ihr mag es auch geschuldet sein, dass ich im Dämmerlicht zwischen den auf dem Grill befindlichen Objekten nicht mehr fehlerfrei zu unterscheiden wusste. Und auch wenn mich nach wenigen Bissen die Geistesgegenwart wieder einholte, als ich knirschend auf einen halbverdauten Speicherchip stieß, kann ich heute guten Gewissens sagen: Epikur, mein treuer Gefährte – du wirst für immer ein Teil von mir sein.

Die Liebe siegt (?)

Etwas ist schief, etwas fault da im Staat
Denn da klafft eine Lücke zwischen dem Applaus
und der Tat

Eltern erzählen ihren Kindern eine Menge Lügen. Dass es einen Weihnachtsmann gibt, zum Beispiel. Der bringt den reichen Kindern eine Playstation und ein Pferd, den armen Kindern ein halbes Hanuta und ist einer von den … Guten? Oder dass Mama und Papa alle Kinder gleich liebhaben. Come on: Mein Bruder hat ein 1er-Abi, einen Doktor in Physik und mehr als zwei intakte Paar Socken. Ich kenne meinen Platz. Die größte Lüge aber, und die gefährlichste, ist die Folgende:

Die Liebe. Siegt. Immer.

Das ist die Essenz von Disney, Lindgren, Hasbro und Lillyfee, die Glücksbärchisierung der Kinderliteratur – Gewalt lohnt nicht, das Gute gewinnt, am Ende gibt's veganes Vanilleeis. In Wahrheit aber ist die Liebe nicht etwa das übermächtige Prinzip, das unsere Welt ordnet und alles irgendwie richtet. Die Liebe ist wie der SC Freiburg: sympathisch, konsensfähig, harmlos im Angriff. Die Titel gewinnen andere. Die Spielvereinigung Eigennutz etwa oder Eintracht Zwietracht. Die spielen Jahr für Jahr die Champions League unter sich aus, die Liebe darf beim

Hallenturnier der Spielvereinigung Erkenschwick eine Teilnehmerurkunde mitnehmen. So wie ich, damals bei den Bundesjugendspielen, als ich beim 100 m-Sprint das erste Mal in die richtige Richtung gerannt bin. Du Zyniker, sagen jetzt manche, das sind doch Momentaufnahmen, AM ENDE, LETZTLICH setzen sich die Liebe, die Wahrheit, das Licht doch immer durch. Ich frage mich, in welchen Etappen man dazu denken muss. Ja, nach drei Bänden »Der Herr der Ringe« ist Sauron geschlagen; bis dahin hat es aber schon eine ganze Reihe Figuren erwischt, für die »am Ende« überhaupt nichts gut wurde. Um das unter dem Strich als einen Punkt für Team Love zu verbuchen, braucht man schon die Selbsttäuschungskraft eines Innenministers im Kampf gegen rechte Polizweigewalt; während noch die Druckerschwärze der neuesten Skandalberichte trocknet, ist er schon sicher: alles Hobbits und Elben, unsere Freunde und Helfer.

Unterdessen, Europa. Die bürgerliche Mitte zeigt sich besorgt über den raueren Ton und das Erstarken des extremen Nationalismus – aber auch nicht wirklich besorgter als in der Frage, ob der Basilikum schneller nachwächst, als man das selbstgemachte Pesto verbraucht. Dabei ist der Deutsche zur Alarmiertheit durchaus fähig: Laut zoologischer Studien sind die drei wachsamsten Tiere das Erdhörnchen, der koreanische Steppeneumel und ein deutscher Verbraucher am Ende der Supermarktschlange, wenn er hört, dass gleich eine neue Kasse aufgemacht wird. Dann spitzen der Bernd, der Georg, die Ulrike die Ohren, stellen sich auf die Hinterbeinchen, wedeln nervös mit dem mitgebrachten Mehrwegbeutel. Auch lautstarken Widerstand beherrscht das deutsche Bürgertum; ginge es hier um eine Kerosinsteuer, Berlins Straßen würden ausschauen wie Helms Klamm beim Aufmarsch der Orks, schauerlich gerüstet in Leichtbaufahrradhelmen und Zip-Off-Outdoorhosen. Doch nun, abseits der Hotspots?

Rauschen im Blätterwald, relativierender Leserbrief, und wenn es irgendwo drückt, hat das sicher irgendwie mit den Faszien zu tun. Kein Aufstand der Anständigen. Stillstand der Umstehenden. Die stille Mehrheit vergleicht Haftpflichtversicherungen.

Würden wir uns der Welt stellen wollen, wir läsen wieder den Struwwelpeter. Darin fällt Hans-guck-in-die-Luft ins Hafenbecken, weil er den Weg vor sich aus den Augen verliert. Kein Happy End. Geschichten enden nicht, wann wir das wollen, sondern wann sie eben enden, auch ohne »alles gut«. Die Liebe siegt, wenn wir dafür sorgen. Sonst halt nicht. Gewalt lohnt sich nicht, wenn wir es nicht erlauben. Sonst eben schon. Sehr sogar. Und kein Erfolg dagegen ist mehr als eine Etappe. Damit das kapiert wird, wirklich kapiert, braucht es beide Arten von Geschichten, die schmerzlichen und die Mut machenden. Der Historiker Philipp Blohm sagt, wer über die Zukunft nachdenken wolle, müsse einen Satz aus seinem Vokabular streichen. Dieser Satz lautet: »Das kann nie passieren.« Also Schluss mit den Erzählungen vom Wohlfühlen und von der Machtlosigkeit, rein in die Parteien, Ehrenämter, Initiativen, in die unangenehmen Diskussionen am Arbeitsplatz, im Verein, in der Familie, wo wir uns noch in die Augen schauen, hoffentlich. Und egal, wie oft ihr heute dazu aufgefordert werdet, zu klatschen, nochmal alles zu geben, völlig auszurasten: Spart euch ein bisschen Energie für morgen auf. Die Wahrheit ist auf'm Platz.

Und das hier wird nicht beim Poetry Slam entschieden.

Die Jagd

Es ist Anfang September.
In Feldern liegt neblig der eben sich regende Tag.
Sein zwitscherndes Gähnen trägt Leben zu jenem,
Der es zu vernehmen vermag.

Doch noch schlafen die Menschen. Es kitzelt die Sonne
Erst zögernd den Tau dieser Nacht.
Treibt wärmende Strahlen durch weichendes Dunkel,
Behutsam und voller Bedacht.

Der Sommer, er kam, und der Sommer verging,
Und Äpfel, die eben in Baumkronen hingen,
Liegen, von Wespen und Bienen umsummt,
Auf bunt überwucherten Wiesen am Grund.

Da! Durch zaghaftes Schnattern
Und Summen und Flattern
Und Grummen und Rauschen und Singen und Gurren
Und Knurren und Knarzen und Wehen
Erklingen zwei Stiefel, die abwartend gehen!

Behutsam und tastend, gelegentlich rastend,
Schleichend und leise die Kreise erweiternd,
Bis dann irgendwann aus dem Waldstück, das
Am Rande des Tals liegt, eine Gestalt tritt:

In grünlichen Schatten kaum sichtbar,
Mit verschwimmenden Mustern bedeckt,
Vom Hut bis zur Stiefelnaht ist da
Ein Jedes in Flecken versteckt.

Nur ein Blinken verrät, was dort sich so harmlos
Anschmiegt an der Fremden Revers:
Das Sonnenlicht bricht in der Linse des Fernrohrs,
Montiert auf das lange Gewehr.

Die Wanderin nimmt es. Prüft kritisch den Lauf,
Steigt schweigend zum hölzernen Hochsitz hinauf.
So tat sie es schon, als der Frühling begann:
Sie legt sich auf die Lauer. Und die Schusswaffe an.

Zwei Atemzüge, bis sich die Aufregung legt.
Dann nichts als ihr Herz, das gleichmäßig schlägt.
Am Himmel verfliegen die Spuren der Nacht.
Die Jägerin lauert und wacht.

Der, dessen sie harrt, ist gerade am anderen
Ende des Waldes zu finden,
Wo er sich trotz großen Geweihs drauf versteht, sich
Durch Sträucher und Äste zu winden.

Seit Monaten wiegen sich Beute und Jäger
Im tödlichen Tanz namens Pirsch:
Die Fremde im Hochsitz mit ihrem Gewehr und
Der wachsame alternde Hirsch.

Sein Rumpf ist noch kräftig, doch schmaler und feiner
Als früher. Die Läufe erlahmen nun schnell,
Sein Revier ist noch reichlich, doch täglich wird's kleiner,
Mit jedem Tag lichter das glänzende Fell.

Er stakt durch den Forst, noch ist es seiner,
Die Ohren beständig zur Gänze gespitzt,
Und nähert sich langsam der Lichtung, an deren
Rande die Jägerin sitzt.

Als er einen Baum streift, löst sich von diesem
Ein blutrotes Blatt und es schwebt
Hernieder, wo es sich von Feuchtigkeit klebrig
Auf das kräftige Schulterblatt legt.

Zwölf Enden hat sein Geweih –
Nur eins die Geschichte der zwei.

Ein paar hundert Meter vom Ziel ihrer Mühen
Justiert die Verfolgerin fein das Visier.
Bei ihr ist nichts als ihr Schatten, sie ist schon
Zu oft unterlegen. Nicht heute. Nicht hier.
Nicht wieder. Nicht ihm. Nicht eine Sekunde
Verlässt sie die Spannung. Nicht einen Moment
Verliert sie das Dickicht gen Süd aus den Augen,
Den Vorhang, der Beute und Jägerin trennt.

Und wieder kommt Regen. Der, wie häufig zuletzt,
Als schüchterner Schleier die Fluren benetzt,
Gerade genug, um den Duft zu ersticken,
Zu wenig als Schutz vor den forschenden Blicken.

Die Vorahnung packt sie an.
Sie weiß: Wenn nicht heute, wann dann?

Noch wenige Schritte entfernt von der Lichtung
Verlangsamt der Hirsch seinen Lauf.
Ein Jucken, ein Ziehen im Nacken, ein Zögern:
Sie halten ihn ruckartig auf.

Noch einmal erfasst er gespannt die Geräusche,
Gerüche und Bilder, er prüft
Die Lebenszeichen des Waldes, der eben
In strahlender Röte erglüht.

Dann durchbricht er mit wenigen Schritten das Laub,
Reckt das Geweih in den Himmel und schnaubt,
Weitet die Nüstern und grüßende Düfte
Weisen den Weg zu den süßlichen Früchten
Am Boden. Dann senkt er das prächtige Haupt
Und frisst von den Äpfeln im herbstlichen Laub.

Der Blick der Verfolgerin fällt durch geschliffenes
Glas auf das Ziel ihrer Jagd.
Läutet die Glocken! Nach endlosem Warten
Ist dieses die Stund' und der Tag!

Sparsame Regungen reichen, der Finger
Kommt leicht auf dem Abzug zum Ruh'n.
Ein Schweißtropfen rinnt, er hat nicht das Geringste
Mit der Sonne des Morgens zu tun.

Wenige Sehnen bewegen den Hebel,
Federn und Regler erbeben gespannt.
Ein letztes Gran Widerstand wird überwunden,
Ein Klick der Mechanik. Ein Rucken
Und dann

Stille.

Stille.

Die Ohren des Hirsches, sie zucken,
Sein Leib ist wie elektrisiert.
Die Augen geweitet, versucht er verzweifelt,
Zu erfassen, was eben passiert.

Dann drückt er die Hufe ins feuchte Geläuf,
Vom Knall der Patrone abrupt aufgescheucht,
Springt er in wenigen Sätzen davon.
Nur das blutrote Blatt bleibt zurück,
Es fällt von der Schulter, gesellt sich am Grund
Zum Laub, zu den Äpfeln, einem Hufabdruck und
Momente danach verschmilzt es, ist schon
Unauffindbar für suchenden Blick.

Die Jägerin regt sich. Sie atmet tief aus,
Streckt sich und sichert die Waffe.
Die Salutmunition klimpert ein Liedchen
Im Karton in der Anorak-Tasche.

So endet die herbstliche Jagd nach dem Tier,
Sie hat's überlistet. Genau heute und hier.
Genau jetzt ist das Ziel ihrer Suche erreicht.
Den Schuss also setzen? Wozu? Fürs Geweih,
Als Trophäe vielleicht?
Als Preis, der bereits
Im Moment des Erlangens
In Gänze vergeht?

Sie steigt vom Hochsitz hinab und sie steht
Sekundenlang still, während Sonne sie blendet.
Der Morgen ist hier. Die Jagd ist beendet.

Darfs a bissl weniger sein?
Parallel-Arbeitswelt Poetry Slam

Manchmal trifft man im Leben auf Leute und fragt sich mit einer Mischung aus Irritation und Neid, wie sie damit durchkommen. Menschen, die das absolute Minimum tun, und auch das eher halbherzig. Seien es Journalist *innen bei Slam-Abenden, die des Zuhörens und Mitschreibens nicht mächtig scheinen, wenn sie Namen verhunzen und Texte durcheinanderwerfen, als gäbe es Kreativitätspunkte zu verdienen. Seien es, nicht jeden Tag zum Glück, Lehrer*innen in Workshop-Klassen, mit denen man die Gruppe nur unter Magengrimmen wieder alleine lässt, weil allzu viel Abwertendes über die Jugendlichen gesagt wurde, in Mails oder beim Kaffee. Oder einfach Ladenbetreiber *innen beim nachmittäglichen Bummel auf Tour, die so unfreundlich auftreten, dass man fast versucht ist, eine hässliche Schürze mit Sternzeichenmotiv aus der Geschenkabteilung zu klauen, weil nichts kaufen als Denkzettel einfach nicht ausreichen will. Manchmal betrachte auch ich meine Arbeitswoche und frage mich, wie ich eigentlich damit durchkommen kann. Irgendwann muss doch wer merken, dass ich da ein Schlupfloch gefunden habe, oder nicht?

Vier Abende auftreten, ein Workshop, viel Rumhängen mit Freund *innen, abends bekocht werden, morgens Hotelfrühstück, es klingt alles ein bisschen zu gut, um wahr zu sein, für mich zumindest in dieser Lebensphase. Und beim Hinübergleiten vom Modus des Hobbypoeten in den des selbstständigen Kreativschaffenden kann über diese Gemütlichkeit verlorengehen, was es braucht, um sich in diesem nachhaltig zu etablieren. Die Halbwelt zwischen Freizeit und Beruf, Amateur und Profi, prägt Slam, prägt auch die Arbeitseinstellung, die abzuschütteln eine echte Aufgabe ist.

Da ist die Dimension der Textproduktion. Im Grunde brauchen Teilnehmende für ein Jahr, eine Saison auf Achse, nicht mehr als zwei, drei Texte – wenn überhaupt Neues entsteht. Zwei Texte, das wären bei mir rund 10.000 Zeichen, das sind 27 Zeichen am Tag. Damit passt die Gesamttextproduktion einer Woche fast in eine SMS, wenn ich den Sonntag zur verdienten Erholung freihalte. Das ist wenig für den Versuch, ein Handwerk zu perfektionieren, das mittelfristig die Rechnungen begleichen soll. Nun wird natürlich vieles geschrieben, das nie Bühnentext wird: Entwürfe für die Schublade, Romankapitel, Kurzfilmscript, Pointen für Twitter, Vierzeiler nur für sich, Songzeilen. Ich finde diese Zahl dennoch bemerkenswert gering, zumal ungefähr jeder Mensch, der kreatives Schreiben erforscht oder lehrt, dazu rät, durch ein gerüttelt Maß an Quantität des Outputs mittelfristig dessen Qualität zu steigern. »Übung macht den Meister«: Dieses leider nicht genderneutrale, aber inhaltlich überzeugende Sprichwort hat bestimmt jemand verfasst, der oder die zuvor mit weniger gelungenen Sprichworten auf jenen Karrierehöhepunkt hingearbeitet hatte. »Auch große Eier rollen selten geradeaus« zum Beispiel – mit Potenzial, ja, aber doch zurecht vergessen.

Wer sich also nicht selbst durch die Teilnahme an einem monatlichen Slam oder eine eigene Lesebühne dazu herausfordert, mehr zu texten, wird auch als »Profi« in der Komfortzone des Gelegenheitsschreibenden belassen. Es kommt vor, dass ich monatelang keine Zeile verfasse – und mich dennoch als Autor fühle. Diese Trägheit ändert nichts daran, dass ich die Bühne mit allem, was dazugehört, inzwischen als Beruf ansehe, und dass ich mir wünsche, dafür ernst genommen zu werden von Auftraggeber *innen, Veranstaltenden, Presse. Anspruch und Einsatz, Selbstbild und Qualifikation drohen jederzeit, auseinanderzudriften.

Denn auch in anderen Dimensionen des Jobs zeigen sich die gefährlichen Untiefen des autodidaktischen Ansatzes: Ich habe Workshops gegeben, ohne den Hauch einer Ahnung davon zu haben, wie Lernen funktioniert, wie Gruppendynamiken erkannt und positiv beeinflusst werden können, ohne mein Schreiben so reflektiert zu haben, dass ich überhaupt etwas weitergeben hätte können. Nach wie vor verstehe ich von der Veranstaltungstechnik, auf die ich angewiesen bin, nicht das Geringste. Ich habe Shows angesetzt und mich nicht um die Werbung gekümmert, obwohl es meine Aufgabe gewesen wäre. Ich habe Termine verbaselt, Fristen verstreichen lassen, Quittungen verschlampt, sprich: den Anforderungen meiner Selbstständigkeit nicht genügt. Ich bin sicher, damit bin ich nicht alleine. Ich komme damit durch; vielleicht ist das gar nicht gut so.

Nun rollen auch große Eier selten geradeaus. Dass wir etwa kreatives Schreiben eben nicht aus Lehrbuchsicht, sondern als Praktiker *innen unterrichten, dass wir nicht wie Schulpersonal daherkommen, das mag eine heimliche Stärke sein. Dass wir Stories schreiben, nicht erforschen, dass unsere Texte im Elfenbeinturm verspottet, aber von vielen anderen verstanden und gemocht werden, muss kein Problem sein, außer für manches Ego vielleicht. Diese »Du kommst aus dem Gefängnis frei«-Karte sollte aber mit Umsicht gespielt werden. Wenn mir, wenn allen Akteur *innen der Szene daran gelegen ist, dass Poetry Slam ernst genommen wird, dann müssen Auftragstexte gründlich bearbeitet und eingeübt werden, dann muss die Moderation, die man uns als jüngerer Garde anvertraut, sorgfältig vorbereitet sein. Wir führen zu diesen Anlässen die literarische Promenadenmischung »Poetry Slam«, unser Label, in der Öffentlichkeit spazieren; wohin sie pinkelt, das sei sorgfältig beobachtet. Wer Punk sein will, tue das im Text oder bewusst in der Ausgestaltung des Formats, nicht in einer verschleppten Mailkommunikation. Du hast keinen Bock auf Ausverkauf? Dann mach halt nicht mit!

Am Ende ist es so oder so gar nicht so wenig, das wir investieren. Slam ist ein Beruf, und beileibe keiner, den alle machen könnten. Das zeigt der zeitliche Aufwand, den es bedeutet, für ein paar Minuten Rampenlicht quer durch Niedersachsen zu zuckeln in einem Zug, dessen Toiletten zwar nicht funktionieren, die aber olfaktorisch nachdrücklich von ihrer Gegenwart künden. Das zeigen die Größenordnungen der Meisterschaften, das zeigen die Opfer, die bringt, wer sich darauf einlässt, statt beim Geburtstag in der Clique mit Halbfremden in einem Backstageraum abzuhängen. Das zeigen ganz handfest hauptamtliche Stellen bei den Veranstaltenden, die Steuerbescheide von Menschen, die vom Auftreten leben. Das zeigt die schiere Ernsthaftigkeit der Auseinandersetzung – in einem eigenen Printmagazin, in endlosen Debatten online. Es geht um was. Und zwar auch um zu viel Geld, als von einem Hobby gesprochen werden könnte.

Umso besser geht es mir damit in den Momenten, in denen ich zufrieden mit mir bin. Wenn eine Veranstaltung auf und vor der Bühne Spaß macht, der Auftragstext sitzt, ich einen neuen Text wagen kann, statt den fast schon leichenstarren, alten abzuspulen, wenn die sorgfältig geplante Progression im Workshop Früchte trägt. Damit komme ich nicht einfach irgendwie durch. Damit reüssiere ich, dann ist der Applaus und ist das Geld verdient; das mag mit kapitalistischer Prägung zu tun haben, nach der nur wertig ist, er Wert schafft und etwas leistet. Oder einfach damit, dass es sich gut anfühlt, sich als kompetent, nützlich, witzig und selbstwirksam zu empfinden.

Und wenn ein Job das beschert, dann wird es Wochen, die sich zu gut anfühlen, um Arbeit zu sein, auch weiterhin geben.

Im Auge des Betrachters

Was schön ist und was nicht, das ist eine Frage von Raum und Zeit. Hierzulande rennt man ins Solarium, in Japan dagegen wird möglichst blasse Haut bewundert. Heute wachst und rasiert man jedes blöde Härchen weg, in der Bronzezeit wäre man so halt einfach vor Kälte gestorben. Richtig schöne Beine mussten vor allem eins sein: vollständig durchblutet. Damals herrschte außerdem Mangel, da war es schön, Fettpolster zu haben, also wohlgenährt und gesund zu sein. Heute hindert uns niemand mehr daran, jeden Tag ein Pfund Butter in Bierteig zu frittieren und mit Sauce Hollandaise zu Mittag zu snacken – also gilt vielen eher Schlankheit als schön. Und weil schön ist, was von vielen schön gefunden wird, fühlen wir uns angezogen und denken: Da klemm ich mich dran, da mach ich Qualitätsbabys mit. So zu denken, ist natürlich oberflächlich – aber irgendwie plausibel.

Blöd ist das mit der Schönheit natürlich immer für die, die nicht so dran teilnehmen. Für den ultraschlanken Neandertaler mit den peinlich wohldefinierten Bauchmuskeln zum Beispiel, der dafür immer von den molligen Jungs gemobbt wurde. Oder eben heute für Menschen, die nicht aussehen, wie sie denken, dass sie aussehen sollten. Das tut weh – und leider hilft es dann einfach gar nichts, wenn man sagt, jeder Mensch sei schön. Weil das eben einfach

nicht stimmt! Ich zum Beispiel bin jetzt nicht völlig unzu-
frieden mit mir, aber bei aller Selbstliebe sind weder meine buckelige Nase noch mein fleckiger Bartwuchs oder
mein pickliger Rücken oder meine kurzen Beine »schön«.
Und das ist okay! Dafür krieg ich meine Läufe auch im letzten Billigflieger bequem verstaut. Hab du mal deine Mo-
delstelzen, ich hab dafür zwei intakte Kniescheiben, wenn
ich auf Malle ankomme! Klar frage ich mich manchmal,
warum ich nicht so schlank und fit bin wie andere Menschen, und dann klage ich zum Herrgott, wie ungerecht
das ist, aber der versteht mich nicht, weil ich Donauwelle
und Pommbären und Sprühkäse im Mund habe.

Nochmal, es ist total subjektiv, wer und was schön ist.
Oder hat komische Prinzipien – Symmetrie soll ja schön
sein, aber eben nur vertikal. Wenn du horizontal symmetrisch bist und dir ein Kinn aus der Stirn wächst, ist das
viel weniger sexy. Aber manche Leute haben, was das Äußere angeht, zur jetzigen Zeit, am jetzigen Ort einfach
mehr Fans als andere. Zum Beispiel Lena Gercke. Die hat
die erste Staffel »Germany's Next Top Model« gewonnen
und verdient weiterhin ihr Geld damit, von vielen Leuten
schön gefunden zu werden. Sie sagte neulich im Bahn-Ma-
gazin-Interview, es sei gar nicht so leicht, schön und be-
rühmt zu sein, weil sie keine Männer kennenlerne. Sie,
Lena, sei arg schüchtern, weil sie, die Typen, immer schon
so viel über sie, Lena, wissen, sie, Lena, aber nichts über
sie, die Typen. Ich hab aus diesem Grund mal eine Wikipe-
dia-Seite über mich angelegt und an Lena geschickt, damit
sie auch was über mich weiß und nicht mehr so schüchtern sein muss und mich endlich mal ansprechen kann.
Wir wären ein Dream-Team: Zusammen haben wir im
Schnitt normal lange Beine. Sonst, liebe Lena, hätten wir
uns nicht viel zu sagen. Du hältst Heidi Klum die Treue, ich
halte sie für eine verachtenswerte Kackbratze. Das macht
euch jetzt beide nicht hässlich. Aber unattraktiv.

Ich finde es jedenfalls ärgerlich, wenn man sagt, alle seien schön. Weil man damit die Privilegien leugnet, die richtig schöne Menschen im Leben haben und die echten Kämpfe der weniger hübschen. Und weil man Schönheit damit viel wichtiger macht, als sie sein müsste. Weil man damit signalisiert, dass es eine ganz unerträgliche, unmögliche, unzumutbare Vorstellung ist, nicht schön zu sein. Das machen wir doch bei keiner anderen Eigenschaft! Wenn zum Beispiel jemand handwerklich überhaupt nichts auf die Kette kriegt und beim Wechseln einer Glühbirne den Wasserkocher in die Luft jagt, dann sagen wir ja auch nicht: »Du bist voll geschickt, nur halt auf deine Weise. Lass dir nichts anderes einreden! Für mich bist du der größte Heimwerker der Welt. Ich will, dass du meine sauteure Stereo-Anlage verkabelst.« Nein, wir erkennen an, dass da eben jemand eine Qualität nicht so hat und eine andere dafür schon. Und dass das voll in Ordnung ist. Dass wir das bei Schönheit nicht aushalten, liegt daran, dass wir Schönsein damit verwechseln, attraktiv, liebens- und begehrenswert zu sein. Und je öfter wir sagen: »Mensch, Brudi, ist doch alles ein soziales Konstrukt, du bist VOLL schön und in einem bestimmten Landstrich in Norditalien hättest du im 17. Jahrhundert JEDE haben können!«, desto mehr zementieren wir äußere Schönheit als die eine Sache, die man eben besitzen muss. Dafür könnten wir uns aber ganz andere Qualitäten aussuchen. Empathie, Hilfsbereitschaft, Neugierde, Humor, Zielstrebigkeit, Nachsicht. Das kann man alles sogar üben, wenn es einem wichtig ist.

Und wenn ihr Menschen trefft, die das alles mitbringen, ob schön oder nicht, dann klemmt euch dran. Dann legt los und macht Qualitätsbabys. Und falls die auf die falsche Art symmetrisch sind und ihnen ein Kinn aus der Stirn wächst, ist das vielleicht nicht schön. Aber egal.

Freiheit nervt!

Das mit der Freiheit ist so eine Sache. Sie ist ein bisschen wie Nelson Mandela, Pandababys oder die Masernimpfung: Wenn du gegen sie bist, bist wahrscheinlich du das Problem. Feinde der Freiheit sind immer die anderen, auch wenn wir vielleicht verschiedene Sachen meinen. Die einen denken daran, sich vom unzumutbaren Joch der wenigen Millimeter Stoff vor Mund und Nase zu erlösen – andere wollen bei der Entfaltung ihrer persönlichen Freiheit gerne durch einen Funken Solidarität ihrer Umwelt unterstützt werden. So sind die Menschen verschieden. Mit der Freiheit argumentieren sie alle.

Am 26. April 1996 wird der vermögende Soziologe Jan Philipp Reemtsma nach 33 Tagen gegen Zahlung von 30 Millionen Mark Lösegeld aus seiner Geiselhaft entlassen. 30 Millionen Mark, das muss man sich mal vorstellen. Das sind 15 Millionen Euro! Das sind 30 Millionen Mark! Ein Jahr später erscheint sein Buch »Im Keller«. Darin schreibt er von einem »scheußlichen Gedanken«: »Wenn das Leben zu schwierig und, verglichen mit den Schwierigkeiten, zu wenig lohnend erscheint, kann es sein, dass der Wunsch entsteht, wieder eine Kette am Fuß zu haben.« Oder, anders gesagt: Freiheit ist fucking nervig! Freiheit heißt Stress, Ärger, Reue. Wie oft hab ich mich geärgert, im Restaurant das falsche Gericht bestellt zu haben? Das passiert dir im Knast einfach nicht. Du hast Kartoffelpüree, alle anderen haben Kartoffelpüree, und niemand denkt: Hätte ich mal Tortellini genommen. Wer frei ist, übernimmt Verantwortung, für sich und andere. Wer mich kennt, der weiß, dass es keine gute Idee ist, wenn ich Verantwortung übernehme. Als ich das letzte Mal babysitten sollte, hat das Baby in meiner Obhut das Sofa angemalt, einen Kaktus gegessen und sich der Antifa angeschlossen. Erst recht sollte ich kein freies Wahlrecht haben! Wer mich an einem Montagabend dabei beobachtet, wie ich Tiefkühlapfelpuffer mit dem Bügeleisen heiß mache, wird bestimmt nicht denken: Na, lass den mal bei diesem Demokratie-Ding mitmachen! Und da bin ich nicht der Einzige. Da draußen ist dieser eine Typ, wegen dem auf Fertigpizzakartons steht: Vor dem Backen Folie entfernen. Auch der hat eine Stimme. Das ist doch nicht richtig! Mit Freiheit muss man auch umgehen können, man muss damit was anzufangen wissen! Als unser Kaninchen mal im Garten ausgebüxt ist, ist es von alleine zum Gehege zurückgekommen. Wo sollte es auch hin? Nach Berlin, um User Experience Designer für smarte Bluetooth-Aschenbecher zu werden? Das Kaninchen weiß, wo es seine Ruhe hat, das ist jetzt schon smarter als ich.

Echte Freiheit ist fordernd. Ständig muss man irgendwas! Und dann hinterher dafür geradestehen. Wer sich nie frei äußern darf, muss auch nie damit umgehen, dass das, was man frei äußert, Konsequenzen hat oder von anderen doof gefunden werden könnte. Und dass die das auch wieder sagen dürfen! Ganz selten, dass sich so ein saudischer Journalist mit unangenehmen Widerworten bei Twitter rumschlagen muss. Der hat zwei klare Möglichkeiten: Kooperation oder Knochensäge – das ist easy, das ist überschaubar und keiner führt irgendwelche nervigen Diskussionen. Das ist der Unterschied zwischen Aufsatz und Diktat: Wer nicht darüber nachdenken muss, was er schreibt, kann sich endlich darauf konzentrieren, es richtig zu tun.

Freiheit macht einsam! Die weite offene See ist ja nur deshalb ein Symbol für Freiheit, weil da einfach keiner ist. Die Freiheitsstatue ist seit 1886 Single – und damit nur unwesentlich länger als ich. Mit der freien Entfaltung kommt die Entfremdung. Wir können heute alles frei individualisieren: eigene Playlist auf Spotify, eigenes Fernsehprogramm auf Netflix, eigene Frühstücksmischungen von mymuesli oder cerealien24 oder cornflakescout.de, zwölf Sorten Nüsse und 19 Trockenfrüchte und acht Härtegrade Haferflocken – und wo hat es uns hingebracht? Da ist niemand mehr, mit dem wir uns eine Lebenswelt, ein Müsli teilen. Das war im Mittelalter anders! Da haben alle die gleiche Hinrichtung geguckt, da wusste man, worüber man morgens im Büro am Wasserspender mit Jens aus der Verwaltung reden konnte.

Freiheit ist verwirrend! Alle sind ganz durcheinander, weil ihnen niemand sagt, wo sie hinsollen mit sich. Das fragt sich Sisyphos nie!

»Was machst du morgen so?«

»Ich glaube, ich schieb einen Stein den Berg hoch.«

Na bitte! Wir anderen fragen uns ständig, wer wir sind, wer wir sein sollen. Wenn du die Freiheit hast, eine Perlentaucherin zu werden oder ein Blogger oder Influencer für Sandkastenschäufelchen, wer sagt dir dann, dass du auf dem richtigen Weg bist? Dass du, ganz alleine du, die richtigen Entscheidungen im Leben getroffen hast? So viel Irritation muss nicht sein. Die Giraffe weiß immer, wer sie ist. Das steht im Zoo an der Käfigtür.

Freiheit ist mühsam! So viel Unsicherheit auszuhalten, so viel Verantwortung für sich und andere zu tragen, so wenig Schuld abzugeben, so wenig klare Linien. Doch es gibt Hoffnung! Millionen Menschen auf der ganzen Welt begreifen längst, dass man Freiheit auch ganz anders definieren kann – als vollständigen Egoismus, als Abkopplung von Fakten und Realität. Oder als etwas, das einfach nichts für sie ist. Dass Freiheit zu kompliziert ist und zu beängstigend und zu ambivalent. Sie ziehen die richtigen Schlüsse und wählen die richtigen Leute, von Brasilia bis Bauzen, von Pforzheim bis Palermo, von Manila bis Mailand, von London bis Lyon und von Warschau bis Washington.

Tut es ihnen gleich! Unfreiheit jetzt! Rosen sind rot, Veilchen sind blau, sei du mein Diktator, du bist doch so schlau! All der Ärger, all das verkopfte Überlegen, das Abwägen und Zweifeln, all die Pflichten und Sorgen und Entscheidungen, all die Nuancen und Grautöne, die Arbeit, das Akzeptieren von Komplexität, das Aushalten davon, dass es auf manche Fragen keine leichten Antworten gibt, das Wissen darum, dass es zu wenig ist, sich einfach nur auf sein eigenes beschissenes »Ich will das aber« zurückzuziehen, all das nur für ein bisschen Freiheit – das ist es doch nicht wert ...

Oder?

Der große Crash
Und außerdem Corona

Wie viel Zeit muss wohl ins Land gehen, ehe irgendwer die Zahl »2020« nennt, ohne dass alle Anwesenden ahnungsvoll und schicksalsergeben nicken? Zugegeben, ich schreibe diese Zeilen im Herbst jenes geschichtsträchtigen Jahres und es spricht ein gewisser Optimismus aus mir; womöglich werden die Zeilen 2021 von jemandem gelesen mit den Worten »Wenn du WÜSSTEST!«, weil inzwischen genmodifizierte Krabben die Herrschaft übernommen haben und seit der Explosion einer geheimen Chemiefabrik von der Größe Hessens irgendwo in der russischen Pampa zyklusmäßig heißes Plastik vom Himmel regnet. Ich hoffe auf das Gegenteil. Obwohl es die Krustentiere kaum schlechter regeln könnten als wir mit dem Verwalten des Planeten.

Es ist ein kompliziertes Jahr für Livekultur. Kompliziert ist hier ein Platzhalter für: beschissen, unerträglich, existenzbedrohend, beängstigend, vernichtend. Unter den Bedingungen der Corona-Auflagen, die die Kulturszene meiner Wahrnehmung nach tapfer mitträgt und entschlossen verteidigt, lässt sich nicht finanziell nachhaltig veranstalten, Streams bleiben hinter den Erwartungen zurück, Staatshilfen fangen nur bedingt auf, was im freien Fall ist. Über die Schwierigkeiten für Schauspielerinnen und Sänger, darstellende Künstler und Musikkabarettistinnen ist viel geschrieben worden, das zusammenzufassen ich hier nicht unternehmen werde. Google knows best. Klar ist: Es geht an die Substanz.

Und die ist bei uns reichlich dünn dieser Tage. Corona trifft eine verunsicherte Slam-Szene, die mit sich selbst zu kämpfen hat. Die Jahre vor 2020 waren bestimmt von den öffentlich gemachten Anschuldigungen und den Anzeigen mehrerer Slammerinnen gegen einen namentlich genannten Kollegen; sie werfen ihm sexuelle Nötigung und Vergewaltigung vor. Nicht erst jetzt, aber nun unüberhörbar werden Stimmen laut, die von einer Slam-Realität berichten, die ich nicht in letzter Konsequenz wahrgenommen hatte – Ausdruck von Privilegiertheit und Naivität. Diese radikal andere Wirklichkeit ist geprägt von Machtmissbrauch, Belästigung, Ungleichbehandlung, dominiert von Männercliquen, durchsetzt von misogyner Sprache und Veranstaltungspraxis. Die Entschlossenheit der Frauen, sich nicht abspeisen oder zum Schweigen bringen zu lassen, zwingt allen das Gespräch über diese Sicht auf Poetry Slam auf und naturgemäß gehen die Wahrnehmungen meilenweit auseinander: Viele sind verunsichert, andere sehen es nicht als ihre Aufgabe an, sich einzumischen, mancher beruft sich mit gewissem Recht darauf, es ginge in seinem Umfeld anders zu – Slam ist nicht gleich Slam. Immer wieder treiben einzelne das Gespräch voran, grimmig, wütend, und lassen keine Ausreden gelten, nehmen den von Kadergeist zeugenden Vorwurf der Nestbeschmutzung auf sich; andere bekunden lautstark und wenig konstruktiv ihre Unterstützung, begierig darauf, zu demonstrieren, dass sie auf der richtigen Seite (und nebenbei, oh Wunder, im Mittelpunkt) stehen. Mehr Namen kommen ins Spiel. Angeklagte, im juristischen wie nicht juristischen Sinne, werden ausgeschlossen oder in Schutz genommen, Gerüchte machen die Runde, geeignet, Existenzen zu beschädigen, und stellen sich als falsch heraus;

wieder anderes ist nicht zu leugnen, wird aber heruntergespielt, dann wieder auf die Agenda gebracht. Durch handfeste Taten bereits angerichtete Schäden werden relativiert, wenn das Opfer ein vermeintlicher Niemand, der Täter aber ein lieb gewonnener Freund ist, und auch diese Wände werden eingerissen, ein Stückweit zumindest. All das tut weh, ist hässlich, ist nötig. Die juristischen Vorgänge, die absurde Wende um absurde Wende nehmen, zu beschreiben, ginge hier zu weit. Es ist komplex, die Faktenlage zu entwirren, und es ist menschlich fordernd, sie zu beurteilen. Klar ist: Es muss zugehört werden. Und es muss etwas passieren; denn auch wenn Slam bestimmt nicht das Mordor ist, als das es nun hier und da erscheinen mag, ist er bestimmt auch nicht das Auenland, in das viele gerne zurückmöchten.

Die interne Bearbeitung verläuft dabei aus vielen Gründen streckenweise desaströs und reißt Gräben auf. Sie testet die Entschlossenheit hunderter Menschen, die mit Poetry Slam ihr Geld verdienen, sich Gedanken über ihr eigenes Verhalten zu machen, Teil der Lösung zu sein und konkrete Schritte zu unternehmen. Es zeigt sich, dass mancher bei der Frage nach Verantwortlichkeit gerne Zuflucht im Amateurstatus sucht, der eben noch empört von einem zu niedrigen Gagenangebot für ihn, den Profi, sprach. Alles ist immer auch privat und sehr persönlich und mit ganz viel Angst besetzt. Umgekehrt werden diejenigen, die Verantwortung übernehmen wollen, daran gemessen, ob sie die Szene endlich und gründlich befrieden. Spoiler: Tun sie nicht.

Wie sich also 2020 anfühlt angesichts der noch lange nicht aufgearbeiteten Verwerfungen der Vorjahre, angesichts der unschönen Wahrheiten, denen sich zu stellen unvermeidlich wurde, angesichts der Entzauberung einer lieb gewonnenen Gemeinschaft als im schlimmsten Sinne gewöhnlich, angesichts der eigenen Scham? Wie das Auflaufen eines bereits sturmversehrten Schiffes auf eine Klippe. Bei Nacht. Im Winter. Und alle haben Magen-Darm.

Die Begeisterung, Slam-Texte zu schreiben, speist sich zu nicht geringen Teilen aus dem Dabeiseinkönnen in einem Umfeld, das inspiriert, und aus der Möglichkeit, schnell und direkt alles austesten, Probe fahren zu können. Corona verhindert beides, und die Debatten der Vormonate stellen, des Inhalts und des Verlaufs wegen, in Frage, ob man da noch dazugehören möchte. Damit soll keine Ablenkung erfolgen – Hauptgeschädigte sind nicht entzaubertes Format und gekränkter Teilnehmer, sondern die betroffenen Frauen. Dennoch, die insgesamt gedrückte Stimmung setzt zu und lähmt zumindest meinen Tatendrang, nun unter neuen Bedingungen aktiv zu werden, originelle Formate zu entwickeln, das Netz zu bespielen, engen Kontakt mit der Szene zu halten, die Themen dieser Zeit (Isolation, Krankheit, Sauerteigbrot) aufzuarbeiten.

Es zeigt sich, wie sehr das Format selbst das Schreiben bestimmt. Die wenigsten verfassen literarische Stücke, die dann eben auch bei Poetry Slams zum Besten gegeben werden, die meisten schreiben für die Bühne und die Live-Situation. Wir ziehen die Inspiration auseinander, mindestens ebenso sehr wie aus uns selbst, aus der Welt und der Nachrichtenlage. Corona legt das offen: Als die ersten Veranstaltungen wieder starten, gibt es wenig Neues zu hören. Wofür texten, wenn es kein Publikum gibt? Woher Anregungen nehmen, wenn nicht aus den Abenden zusammen? Ich persönlich empfinde die anderen Teilnehmenden, die Moderation und die Veranstaltenden als entscheidenden Teil des Publikums; wenn ich niemanden sehen kann, wenn durch interne Zerwürfnisse etwas kaputtgeht untereinander, motiviert mich die Gemeinschaft weiter, kreativ zu sein? Oder lähmt die drohende und erfolgte Entfremdung?

2020, das letzte Jahr vor der Regentschaft der Krabbenwesen, bietet am Ende auch jenseits von Corona zu viele Themen, um unbetextet zu bleiben. Die drei folgenden Stücke sind dabei anders ausgewählt als die der bisherigen Kapitel; es gibt wenig Gelegenheit, sie zu testen, und entsprechend sind es keine durch das Publikum für würdig befundenen, immer wieder vorgetragenen Dauerbrenner, sondern mehr oder weniger explizit Reflexionen über wilde, seltsame, krank machende, einsame, entschleunigte Monate. Entstanden sind sie allesamt nach der strengsten Isolationsphase – in dieser selbst fiel Schreiben schwer. Noch so eine Erkenntnis: Nicht nur das zu wenig an Zeit tötet meine persönliche Kreativität, auch und fast mehr ein Zuviel. Vielleicht sind die Texte verunglückt, das kommt vor, normalerweise zeigt mir das ein Publikum auf. Aber ich bin immerhin zuversichtlich, dass in diesem Jahr schlimmeres passiert ist als sie. Das ist doch schon mal was.

Die Vandalen kommen!

Konfuzius sagte: »Wer einen Fehler macht und ihn nicht korrigiert, begeht einen zweiten.«

Zu welcher Gelegenheit er das sagte, ist nicht überliefert. Vielleicht setzte er grade auf der Pferderennbahn sein Auto auf den Geheimtipp »Shanghai Lightning«, um seine Ersparnisse zurückzugewinnen, und dann sagte er: »Der wagemutige Spatz fliegt im Gegenwind höher als manch zaghafter Adler bei Vollmond.«

Er war offenbar ziemlich hacke.

Statuen für überzeugte Kolonialisten, Sklavenhändler, Rassisten, Nazis, deren Sympathisanten und Helfershelfer aufzustellen, das war so ein Fehler von unseren Vorfahren, von euren und meinen. Man beachte, dass ich hier nicht gendere! Zwar waren auch Frauen immer in der Lage, ausgezeichnete Rassistinnen zu sein, da bin ich progressiv, aber wie so oft wurde ihnen auch hier die Anerkennung in Form eines Kupferstandbildes im Stadtzentrum von Bad Oldesloe verwehrt. Und im Kolonialbusiness hatten sie auch einfach nicht die gleichen Aufstiegschancen – Frauen mussten bei der Menschenfeindlichkeit die gleiche Drecksarbeit machen, während die Männer den ganzen Ruhm alleine einheimsten. Ärgerlich. Damals fand man natürlich nicht, dass es ein Fehler sei, diese Statuen zu bauen. Aber die Perspektive auf Menschen wie Hindenburg oder Bismarck hat sich eben geändert – und das Problem mit Reiterstandbildern ist ja: Je nach Perspektive sieht man nichts als ein riesiges Arschloch.

Das Korrigieren liegt also bei dieser Generation. Und jetzt sind die Menschen empört: Was, in den USA und in England stürzen Vandalen eigenmächtig Statuen? Das geht doch nicht, das ist doch der Versuch, Menschen aus der Geschichte zu tilgen! Das ist natürlich völliger Blödsinn. Statuen waren noch nie wirklich dazu da, irgendwem Geschichte beizubringen. Oder seid ihr schon mal an irgendeinem Fürst Heinrich oder Graf Wilhelm vorbeigegangen und dachtet plötzlich: Ah! Danke, monumentales Reiterstandbild, für deine differenzierten Ausführungen! Jetzt verstehe ich! So war das also mit den Herrschaftsverhältnissen in der frühen Neuzeit! Nein: Die Dinger sind unkritische Würdigungen, und daran ändern auch kosmetische Plaketten und Tafeln nichts, da bräuchte es nicht weniger als eine komplette Umgestaltung.

Stell dir doch mal vor, der frühere Partner deiner großen Liebe war ein richtiger Drecksack. Das ist eine leichte Übung, das ist ja objektiv betrachtet oft so. Zum Beispiel waren wissenschaftlichen Studien zufolge 100 % aller Exfreunde meiner Partnerinnen deutlich weniger cool als ich. Und jetzt stellt euch vor, dieser Expartner war nicht nur zu ihr scheiße, sondern auch zu dir. Der hat dich verprügelt, dir dein Kinder Pingui weggenommen und gesagt: Haha, du Opfer, Poetry Slam ist gar kein richtiger Beruf. Nur als ganz abstraktes Beispiel. Und jetzt steht halt im Schlafzimmer deiner Freundin eine Statue von ihm, 2,50 m groß und von sechs Seiten angeleuchtet. Das findest du schon irgendwie störend – aber deine Freundin sagt: Er ist ein Teil meiner Geschichte und schau mal, ich hab da unten am Sockel, musste genau hinsehen, da, eine Plakette angebracht: Matthias, Lebensabschnittsgefährte 2016/17, voll der Blödmann. Schon bei diesem harmlosen Vergleich: Würde dir das reichen? Würdest du nicht finden, dass dieses Souvenir vielleicht zumindest auf den Dachboden gehört? Und wenn das ein Problem ist, würdest du dich nicht eventuell fragen, wer deiner Freundin wichtiger ist – du, die Gegenwart und Zukunft, oder er, die Vergangenheit?

Aber diese Vergangenheit, die darf natürlich nicht vergessen werden. Und um sich zu erinnern, brauchen wir in erster Linie Statuen, klar. Darum stehen ja überall diese Hitler-Statuen rum, damit wir das dritte Reich nicht verdrängen. Darum reflektieren ja die Amerikaner in den Südstaaten ihre Geschichte so gut, wegen der ganzen Standbilder der konföderierten Generäle. Aber vielleicht, nur vielleicht, geht das besser. Vielleicht gibt es einen geeigneteren Ort für kritisches Erinnern. Wo echt eine Auseinandersetzung und Einordnung stattfinden kann. Das wäre toll. Hätte nur wer die Muße, um sowas einzurichten. Die Muße, um das ins Leben zu rufen. Die Muße, um … Muße um … Museum! Ha! So nennen wir das dann. Lass ich mir direkt patentieren, und dann kommt vor jedes der Dinger eine 2,50 m große Statue von mir. Und eine differenzierende Plakette mit der Aufschrift: »Nicht perfekt, aber wenigstens nicht Matthias.«

Konfuzius sagt: »Wenn du die Absicht hast, dich zu erneuern, tu es jeden Tag.«

Das ist aber für Menschen und Dinge, die wir in Stein hauen, gar nicht so leicht. Und eine Person, die auf einem Podest steht, kann man nicht so einfach ein paar Zentimeter verschieben, um sie behutsam neu einzuordnen. Auf dem Podest stehst du ganz oben oder du kippst runter, da ist nicht viel Spiel. Womöglich ist also der erste Fehler, den wir begehen, nicht der, dass wir die falschen Menschen auf Sockel heben – sondern der, dass wir es überhaupt tun. Klar können wir jetzt Christian Drosten ein Denkmal bauen. Aber vielleicht finden wir in zwei Monaten raus, dass er einer dieser ekligen Freaks ist, die erst die Milch und dann das Müsli in die Schale tun, und dann haben wir den Salat. Und auch manche Beziehung wäre sicher nachhaltiger, wenn man sich vom jeweils anderen kein inneres Heldendenkmal baut, das zwangsläufig stürzen muss, irgendwann.

Konfuzius sagte nie: »Wenn sich wer mit gutem Grund an einem Denkmal stört, hör gut zu, und dann hau vielleicht einfach weg den Scheiß.«

Oder denk dir was besser aus, was weiß ich, sollen jedenfalls die mitentscheiden, um die es hier geht. Hätte er aber mal sollen, das wäre richtig schlau gewesen. Hätte er das gesagt: Er hätte ein Denkmal verdient.

Zweiundfünfzig Hertz

1989 – ein Schiff auf dem Pazifik, das Messgeräte
Weit in dunkle Meerestiefen streckt.
Die Besatzung ist gelangweilt.
Die Forschungsfahrt, sie zieht sich,
Und bisher wurd' außer Schimmel in der Kombüse
Und Gras beim Schiffsjungen
Und der gemeinsamen Leidenschaft
der Mannschaft für ABBA
In vielen Wochen Fahrt
Noch nicht das Mindeste entdeckt.

Am Himmel tanzen Lichter auf und ab
Im Takt der Wogen,
All das Salz, das in der Luft liegt,
Schmeckt nach Weite und an Bord
Klingt aus der Jukebox leise »Waterloo«,
Die Crew hat sich verzogen,
Nur der erste Maat spült seine Nostalgie
Mit Selbstgebranntem fort.

Doch plötzlich stockt er. Plötzlich hockt er
Sich ganz aufrecht hin und blickt
Zur Konsole, aus der etwas,
Das er fast schon nicht mehr hoffte,
Zu Gehör zu kriegen,
Zaghaft aus den Monitoren klickt.

Ein Impuls. Ein feines Rauschen.
Eine Tonspur, die sich konsequent auf 52 Hertz
Auf den Geräten zeigt und dort,
Wie bereitgestellt zum Lauschen,
Den Sonarbildschirm mit grellen, grünen
Ausschlägen verfärbt.

Just dieses Signal ist seither unvergessen,
Artefakt einer Mär, die man sich voll Ahnung erzählt.
Denn es stammt, so die Erklärung der Forscher,
Vom einsamsten Wal auf der Welt.

Er sei, so geht die Geschichte dann weiter,
Auf einer eigenen Wellenlänge daheim.
Andere Meeressäuger, die singen,
Lassen ihr Lied viel tiefer erklingen
Und so sei er zwangläufig allein.

Er funkt permanent in den Äther,
Doch niemand hat das Radio gänzlich
Auf seinen Sender gestellt,
Es gibt auf der Welt keinen zweiten
Auf dieser Frequenz.

Die Menschen war'n gerührt
Von dem einsamen Giganten:
So symbolisch, dieses Schicksal
In der weiten, dunklen See.

Fühlten mit dem sanften Riesen,
Denn verloren und allein
Scheint es irgendwie ja vielen
Hin und wieder mal zu geh'n.

Dann ist auch uns, als wär'n wir
Schwimmende im Meer unserer Gedanken,
In die niemand jemals blickt, so als sei jeder Versuch,
Sie mit Sprache zu durchdringen
Und ein Licht hineinzuwerfen,
Durch verschiedene Frequenzen
Schon gescheitert und verflucht.

Also spross die Phantasie und es blühten die Gedanken,
Die sich Geisternetzen gleich um den so
Menschenart'gen rankten:

Wo kam er her, wo schwamm er hin,
War er immer schon alleine?
Was bedeuten seine Lieder? Warum singt er sie so eigen?
Ist er Blauwal, ist er Finnwal oder heimlich ein Delfin?
Ist er Junge oder Mädchen?
Ist er schüchtern, ist er feige?

Und seitdem schreiben sie Bücher
Und Gedichte und Artikel,
Die Band Radiohead hat ihm ihren wohl
Größten Hit gewidmet.
Er ist ein Creep in tiefster Einsamkeit,
Ein Creep, der stets alleine bleibt.

Drehen Filme, fragen immer wieder nach,
Wie es ihm geht,
Vergießen seinetwegen Tränen,
Ist es sicher schon zu spät,
Ihm zu helfen?
Wenn die Wissenschaft schon Nanobots entwickelt,
Analogkäse erfindet und die Milchstraße vermisst,
Muss es ihr doch mal gelingen,
Diesem armen Tier zu helfen,
Das seit 1989 ohne Walkollegen ist.

Übersetzt doch seine Lieder! Pitcht sie runter oder legt
Einfach Autotune darunter, wäre das vielleicht ein Plan?
Oder legt um Gottes willen für den einsamen Gesellen
Ein sympathisches Profil auf einer Datingseite an!

Doch während oben die Ideen nur so sprießen,
Zieht das Tier in der Tiefe allein seine Bahn,
Weiß nichts von der ganzen gespannten Erregung,
Sie hat für ihn nicht das Kleinste getan.

Denn so viel wir über ihn auch zu wissen vermeinen,
Von dem Drama seines Schicksals,
Den Gesängen und seinen
Jahren in Einsamkeit.
So sehr wir angeblich versteh'n:
Noch niemand hat den Wal je geseh'n.
Und niemand hat den Wal je gesprochen
Und niemand hat je mit dieser Erwartung gebrochen,
Dass ein Wal, der alleine schwimmt, Trauer empfindet.

Ist er echt so verzweifelt, verletzt?
Oder singt er bloß, frei übersetzt:

Aaaaaaaalter
– wie hart kann man bitte sein Leben genießen?
Ich hab meilenweit den Pazifik für mich,
Mir geht's top! Ich hab Krill, ich hab Ruhe, hab Frieden,
Stress ist meilenweit keiner in Sicht.

Früher hing ich in Herden herum,
Das wurde mir zu dumm! Ich bin ausgestiegen,
Hab mich abgesetzt, mach mein eigenes Ding,
Ohne Brunch, ohne Streit, ohne Neid und Intrigen,
Und lassen sich hier jemals andere blicken –
Dann könn' die sich ficken! Ich will doch nur mich,
Meine Flossenfreiheit und gelegentlich Luft
Zum Atmen. Mehr brauche ich nicht.

So schwimmt er davon. Entschwindet in Schwärze,
Sein Hochtongesang ist auf Meilen zu hör'n,
Ein Manifest für all die, die völlig und ganz
In sich ruh'n und sich nicht am Alleinesein stör'n.

Weit über ihm stehen Menschen
Auf 'nem Schiff im Pazifik,
Die gebannt die Signale auf 'nem Bildschirm beseh'n.
Sie lauschen den Tönen und verdrücken ein Tränchen.
52 Hertz. Wie traurig! Wie schön!

Der große Coup

Eine Wohnung am Stadtrand, ein herbstlicher Abend.

Vor dem Fenster stürzen sich Blätter in dramatischer Langsamkeit von den Ästen eines Kastanienbaums in die Tiefe.

Verharren hin und wieder kurz, als hätten sie es sich anders überlegt.

Nur um dann, wenn niemand zu ihrer Rettung herbeieilt, beleidigt ein, zwei Salti schlagend, doch ganz hinzuabsinken, wo sie sich an Hauswänden und Borsteinkanten zu gekränkten Haufen sammeln und leise knisternd die Schlechtigkeit der Welt beklagen.

Drinnen ist Licht. Ein wenig zumindest.

Über dem großen Tisch im Wohnzimmer hängt, kreisrund und länger nicht entstaubt, ein Lampenschirm aus Emaille, in ihm brennt eine tapfere Glühbirne, Relikt einer sorgloseren Zeit, und wirft freundliche Strahlen auf die Szene unter sich.

Dort wiederum nimmt ein Vorhaben seine finale Form an: Hochkonzentriert beugt sich Frau Lüders (geborene Schmidt) über ein unvollständiges Bild, über das beständig schrumpfende Häufchen kleiner bunter Pappteilchen daneben, rechteckig in der Grundfläche, doch versetzt mit Ausbuchtungen und Ärmchen, die, wenn Frau Lüders (geborene Schmidt) alles richtig macht, ineinandergreifen und sich festhalten, als hätten sie einander von Herzen vermisst.

Frau Lüders puzzelt.

Noch einige Dutzend Teile sind einzusetzen.

Jetzt noch vier Handvoll, eine Fußballmannschaftsgröße, eine Standardeierkartonmenge, nun noch drei, noch zwei, noch eins …

Und dann fällt da etwas auseinander. Und zwar die Zahl der noch fehlenden Teile im Puzzle – eins – einerseits und die Zahl der noch übrigen Pappquadrate auf dem Tisch – null – andererseits, und diese Zahlen dürften nie, niemals verschieden sein! Wo steckt es nur, dieses eine, letzte Fragment? Frau Lüders kriecht und krabbelt. Rot und ein bisschen grün müsste es sein, mit drei Ärmchen und einer Bucht, Teil des Clownshutes im großen Zirkuspanorama, das 999-teilig auf dem Tisch liegt und noch vage auf seine Vollendung hofft, doch schon während die Frau, die einst Schmidt hieß, über den Teppich tastet, ahnt sie, dass sie nicht fündig werden wird. Geerbte und geliehene Puzzles: das russische Roulette der meditativen Abendunterhaltung. Wer sich darauf einlässt, kennt das Risiko. Ein Blatt stürzt theatralisch am Fenster vorüber und wirkt dabei, als habe es aufgegeben. Und kurz darauf kapituliert auch Frau Lüders.

Doch hinter dem Bücherregal,
Da schleicht wer von dannen.
Auf den Rücken geschnallt: die Beute des Coups.
Auf Koboldzehenspitzen, den Hut tief in der Stirn,
Mit Pluderhose und passender Weste dazu.

Schon schlüpft er an der Stelle,
Wo sich die Fußleisten treffen
– oder sich treffen sollten! –, In ein Loch in der Wand,
Flink in den Hohlraum dahinter, nimmt die winzige Spule,
Die ihm als Aufzug dient, in die vierfingrige Hand,
Saust mit 'nem Seil in die Tiefe,
Durch nächtliche Schwärze,
Gelangt in den Keller, dann in den Waschraum und dort
Huscht er in ein Kanalrohr, und setzt seinen Weg
Auf einem umgebauten Matchbox-Truck fort.

Dann, nach Stunden um Stunden, erreicht der Geselle
Einen vergessenen Raum tief unter der Stadt,
Wo er sich inmitten von Moder und Schimmel und Feuchte
Einen eigenen Kosmos erarbeitet hat:
Mit bunten Lichtern an Ketten, mit Wimpeln und Postern,
Wilde Farben und Formen, den Wänden zur Zier,
Eine Wohnstatt aus allem, was ihm eben gefiel,
Ein Koboldrefugium baute er hier.

Mit der Beute des Tages tritt der Kleine nun ein,
Lässt seine schmutzige Kleidung zurück
Und schreitet zum Herzstück der versteckten Behausung.
Nur ein Letztes fehlte, ein einziges Stück.
Da ist es: sein Puzzle. Ach, Puzzle …

Ein wildes Ensemble,
Von verschiedensten Orten zusammengeklaute
Teile vom Kopf eines Pferdes, da ein Ohr der Madonna,
Ein Hauch Rennwagenreifen, da ein Kreis, da 'ne Raute.

Es liegen tausende Teile aus tausenden Boxen
Als quadratmetergroßes Mosaik auf dem Grund,
Fügen sich fast wie durch Magie ineinander,
Ein geordnetes Chaos im Dämmerlicht und
Nur eine Lücke ist offen. In der Mitte des Puzzles
Neben Batmans Knie, genau da ist noch Luft
Für ein fehlendes Teilchen von mittlerer Größe,
Mit drei kleinen Ärmchen, einer einzelnen Bucht.

Der Kobold tritt näher, fast andächtig wirkend
Löst er die Beute aus dem Tragegerüst
Auf dem Rücken und hievt sie mit endloser Sorgfalt
Dorthin, wo ihr passender Lageort ist.

Hier verlassen wir ihn. Es kann sich nicht ziemen,
Voyeuristische Zeugen des Vorgangs zu sein.
Die Vollendung des Werkes so zahlloser Jagden
Gebührt unserem findigen Kobold allein.

In der Wohnung am Stadtrand hat Frau Lüders inzwischen
Das Puzzle schon längst in der Schachtel verstaut,
Auf diese ein warnendes Post-it geklebt:
Unvollständig! Nun wird Fernsehen geschaut.

Sie würde sich wundern, wenn sie wüsste, dass eben
Auf einer Bühne jemand ihre Geschichte erzählt.
Davon, was einer an Glück und an Freude gewinnt,
Während anderswo wem nur ein Tausendstel fehlt.
Sie ahnt davon nichts. Sieht nur den eigenen Ärger,
Eine Neigung, die so mancher auf der Welt eben hat.
Die Frau, die mal Schmidt hieß,
Geht nach dem Krimi zu Bette
Und in der Nacht vor dem Fenster fällt ein weiteres Blatt.

Bonustrack
Ein Blick in die Zukunft

Mir wurde mehrfach gesagt, es sei »mutig« gewesen, mich (vorerst) gegen das Lehrersein und für die Selbstständigkeit zu entscheiden. Ich sehe das sehr anders. Mut erfordert, sich den Dingen zu stellen, die Angst machen – und wenig macht (mir?) mehr Angst als Veränderung. Mich auf einen Beruf einzulassen, der den Alltag vollständig einnimmt, der normalerweise eine jahrelange Bindung an einen Ort mit sich bringt und in dem viele ein Leben lang verweilen, das hat mich mehr eingeschüchtert, als es die relative finanzielle Unsicherheit des Freischaffenden tat. Eine Fortsetzung des Experimentierens, Rumreisens, Improvisierens ist auch eine Art der Beständigkeit.

Wie lassen sich Zukunftsplanung und kreative Arbeit abseits fester Engagements vereinen? Welchen Mut verlangen wir von den Menschen, die uns in Zukunft inspirieren, begeistern, berühren, erschrecken, provozieren, erhellen und unterhalten sollen? Wohl zuallererst den, zu riskieren, sich lächerlich zu machen. Mein Slam-Kollege Andivalent stellt in einem seiner zahlreichen außergewöhnlichen Texte[3] fest, wie absurd es ist, dass wir alle Lieblingskunst haben, Lieblingsmusik, Lieblingsbücher und -filme, es aber albern finden, wenn irgendwer den Wunsch formuliert,

---

3   »Warum gibt es Kunst?«

diese Werke schaffen und davon leben zu wollen. (Es geht in dem betreffenden Text von Andi zudem um menschliche Scheiße in Dosen. Er ist wirklich sehr, sehr gut.) Klar, es gibt Schriftsteller, aber du wirst bestimmt keiner. Die Welt braucht schon Lead-Sängerinnen, aber lern doch erstmal was Richtiges, ja? Dazu zu stehen, kurz-, mittel- oder langfristig von eigener kreativer Arbeit leben zu wollen, erfordert Entschlossenheit und Resilienz, die nicht jede*r immer in sich selbst finden mag.

Eine der großen Stärken von Poetry Slam, seine für mich vielleicht entscheidende Daseinsberechtigung, ist es, diesem Wunsch ein Umfeld zu geben, das ihn nicht verächtlich anraunzt oder mitleidig belächelt. Hier ist es nicht abwegig, als Autorin zum Fernsehen, als Kabarettist zum Stuttgarter Besen, als Kolumnistin zur ZEIT oder als Essayist auf die Bestsellerliste zu wollen. Es wird die Erfahrung gemacht, dass sich gute Arbeit in Resonanz beim Publikum und Erfolg bei der Suche nach Auftritten niederschlägt, das Vertrauen in die eigenen Fähigkeiten wird gestärkt, wir sammeln Erfahrungen, Kontakte, lernen Vorbilder in allen genannten Bereichen (und weiteren) kennen, die vielleicht nicht T. C. Boyle oder Judith Holofernes sind, aber von ihrer Kunst gut leben können. Der Satz »ich arbeite an meinem Roman« ist hier kein Anlass zum Schmunzeln, zum Augenrollen hinter dem Rücken, wie es sicherlich anderswo der Fall wäre, sondern eine Gelegenheit zum Austausch, zu gegenseitiger Unterstützung. Sicherlich wird dabei manches Luftschloss errichtet, das später stürzen muss. Diese Erfahrung kann dabei enorm wertvoll sein – oder ist zumindest während einer Zeit der Orientierung ein zu verwindendes Übel.

Ich glaube fest, dass es gut ist, wenn Menschen, die mit dem Gedanken spielen, professionell Kunst zu machen, ein Forum bekommen, in dem sie sich ausprobieren können. Das muss ja nicht heißen, dass wir bald keine Lehrer mehr, dafür aber lauter Autoren selbstreferentieller Bücher über Poetry Slam haben werden. Wenn jedoch junge Menschen ihre Träume eine Runde Probe fahren können, statt direkt in den grundvernünftigen gebrauchten Twingo namens »Was G'scheits« zu steigen, kann das kein Fehler sein. Dramatisch zugespitzt: Sie verlören viel und wir verlören vielleicht noch mehr – wir verlören womöglich die Verfasserin eines in zehn Jahren geschriebenen Buches, das uns dann zu Tränen rühren wird, an einen Bürojob bei Jung von Matt. Das kann doch niemand wollen.

Auch nach der Testrunde bleibt das bunte, unkonventionelle Reisevehikel, das wir dem kleinen Renault vorziehen, freilich ein abenteuerliches Gefährt. Wo die nächste Tankstelle ist, ist manchmal schwer zu sagen, schiefe Blicke der Nachbarn bleiben nicht aus, es fehlt mancher Komfort, den die wild gemusterten Sitze auf grotesk überdimensionierten Sprungfedern und die außergewöhnliche Beinfreiheit keineswegs immer wettmachen können. Die globale Pandemie hat dem Kreativsektor aufgezeigt, dass seine Produktionsbedingungen selbst für einen Staat, der zu helfen gewillt ist, kaum zu begreifen sind: monatliches Einkommen? Welchen Monat meinen Sie, Frau Sachbearbeiterin? Den mit dem fünfstelligen Umsatz oder den, in dem ich von Rücklagen lebe? Na gut, dann muss es eben alleine gehen, ich finde die Tür, danke schön!

Und für all die Schritte, die sich vielleicht, hoffentlich, womöglich gehen lassen, wenn wir der mobilen Wechselensemble-Kleinkunst (komme ich so um die allzu häufige Nennung des Wortes Poetry Slam herum?) entwachsen, braucht es selbstredend mehr als Ermutigungen und den richtigen Glauben an uns selbst. Es braucht Arbeit, Talent, eine riesige Menge Glück – und vielleicht wird es trotz allem nichts; dann hoffen wir, dass noch wer einen Twingo zu vergeben hat. Daran ist dann wirklich nichts Verwerfliches. Zumal ein Twingo Platz für Beifahrer*in und

Kindersitz haben mag, wo das Kreativmobil gerade einen Sitz bietet – schon sieht der TÜV-geprüfte PKW viel schicker aus.

Gefühlt fahre ich mit meinem hybriden Mobil aus Kunst und Dienstleistungen weiter auf Sicht. Das hat den Nachteil, dass es nicht immer schnell vorangeht, dass ich nicht so genau weiß, ob ich eigentlich angemessen gepackt habe für das, was hinter der nächsten Kurve wartet. Es hat den Vorteil, dass ich nicht weiß, wohin es genau geht, das ist aufregend! Zumal natürlich die Möglichkeit besteht, dass es kein so schöner Ort sein wird, wie ich jetzt vielleicht hoffe. Das ist okay, finde ich, wenn das Ziel der Reise enttäuscht und ich umdrehen muss, dann war ich wenigstens die Fahrt über aufgeregt und hab mich auf die schöne Aussicht gefreut – der Weg war das Ziel. Aber wenn ich rechtzeitig lerne, wann man als erfolgreicher Autor eine überdehnte Metapher aufgibt, kann es ja auch ganz fabelhafte Ausfahrt werden.

Glück

Ein jedes Glück hat seinen Ort,
Das Unglück seine Zeit.
An manchen Tagen kommt es vor,
Da packt mich Heiterkeit.

Dann reit ich den geschenkten Gaul
Und frage nicht: »Woher?«
Zu Fuß geh ich schon bald genug,
Dann wird es wieder schwer.

Inspiriert von Heinrich Heine:
»Das Glück ist eine leichte Dirne«.
Hätte ich vielleicht nicht verraten sollen …
Seins ist besser.

Danke.

Fürs Pushen und Fördern und Reden und Dabeibleiben und Helfen und Zusammenarbeiten und Zuhören und Mutmachen und Tollsein und Chancengeben und Wegezeigen.

Für euch war's das schon wert!

Die Reihenfolge ist alphabetisch. Alles andere wäre albern.

Alex B.	Alex W.
Andi	Anni
Daniel	Denise
Max	Marius
Hanz	Jana
Jason	Jonas
Jonathan	Karsten
Lena	Luca
Marvin	Nikita
Nils	Neki
Pierre	Rebecca
Tilman	Volker
Yannick	

Yannick Steinkellner

Für die Galerie

»Man sollte sich selbst nicht zu wichtig nehmen – das ist alles, was ich bis jetzt weiß.«

Das lernt man in Graz. Dem echten Graz natürlich, 8020. Zwischen Fußbällen auf dem Platz und FIFA auf der Konsole im Kastner – aber nur solange man gewinnt. Wer verliert, muss zuschauen, das sind die Regeln im vierten Stock. Und wie er zugeschaut hat: Wenn der Opa das Küchenradio klaut, die Oma zum Asiaten lädt und die Mondlandung ins Lavanttal kommt. Wenn die Nudeln zu weinen beginnen, Autos zu Lyrik werden und die Formel 1 endlich Geschichte, dann muss sogar der ÖSV-Präsident sein Hosenzelt verbergen.

ISBN 978-3-95461-162-1
13,90 Euro

www.lektora.de

Henrik Szanto

Entscheidungen und die Äxte, mit denen wir sie fällen

In seiner Textsammlung »Entscheidungen und die Äxte, mit denen wir sie fällen«, gespickt mit Illustrationen von Anna Kohlweis und kleinen Einblicken in die Eigenarten der finnischen und ungarischen Sprache, zeigt uns der Autor, wie das so ist, mehrsprachig aufzuwachsen und oftmals nicht verstanden zu werden.

»Henrik Szanto kann Sprache, Geschichten erzählen und obendrein ist er auch noch klug. Als wäre die Kombi nicht genug, wird man hier nicht nur mit wunderbaren Texten abgeholt, nein, man lernt auch noch dazu. Bravo, Szanto!«

(Yasmin Hafedh)

»Dramatically captivating«

(New York Times)

ISBN 978-3-95461-186-7
13,90 Euro

www.lektora.de